Beatrix Müller-Laackman
Herausgeber: Heinrich Greving, Dieter Niehoff

Werken und Gestalten

Methoden in Heilpädagogik und Heilerziehungspflege

2. Auflage

Bestellnummer 04867

Haben Sie Anregungen oder Kritikpunkte zu diesem Produkt?
Dann senden Sie eine E-Mail an 04867@bv-1.de
Autorin und Verlag freuen sich auf Ihre Rückmeldung.

www.bildungsverlag1.de

Bildungsverlag EINS GmbH
Sieglarer Straße 2, 53842 Troisdorf

ISBN 978-3-427-**04867**-1

© Copyright 2008: Bildungsverlag EINS GmbH, Troisdorf
Das Werk und seine Teile sind urheberrechtlich geschützt. Jede Nutzung in anderen als den gesetzlich zugelassenen Fällen bedarf der vorherigen schriftlichen Einwilligung des Verlages.
Hinweis zu § 52a UrhG: Weder das Werck noch seine Teile dürfen ohne eine solche Einwilligung eingescannt und in ein Netzwerk eingestellt werden. Dies gilt auch für Intranets von Schulen und sonstigen Bildungseinrichtungen.

Inhaltsverzeichnis

Einführung 5

1	**Kreatives Gestalten und Behinderung**	**7**
1.1	Ästhetische Erziehung	10
1.2	Ästhetische Prozesse in Einrichtungen der Behindertenhilfe	12

2	**Malerei**	**15**
2.1	Theoretische Zusammenhänge	16
2.1.1	Grundlagen der Farbwahrnehmung	16
2.1.2	Psychologie der Farbe	17
2.1.3	Ordnungssystem der Farbe	19
2.1.4	Materialien und Werkzeuge	21
2.1.5	Organisation rund um das Gestalten mit Farbe	27
2.2	Praktische Umsetzung	29
2.2.1	Lockerungstechniken	29
2.2.2	Aleatorische Technicken	32
2.2.3	Farbexperimente	41
2.2.4	Gestalten mit Malkreiden	47
2.2.5	Malen als therapeutisches Mittel	50

3	**Grafik**	**55**
3.1	Zeichnung	56
3.2	Druckgrafik	59
3.2.1	Theoretische Zusammenhänge	59
3.2.2	Praktische Umsetzung	62

4	**Gestalten mit Papier**	**71**
4.1	Theoretische Zusammenhänge	72
4.2	Praktische Umsetzung	76

Inhaltsverzeichnis

5	**Dreidimensionales Gestalten**	**83**
5.1	Werkstoff Ton	85
5.1.1	Theoretische Zusammenhänge	86
5.1.2	Praktische Umsetzung	88
5.2	Werkstoff Pappmaschee	93
5.2.1	Theoretische Zusammenhänge	94
5.2.2	Praktische Umsetzung	95
5.3	Werkstoff Gips	100
5.3.1	Theoretische Zusammenhänge	100
5.3.2	Praktische Umsetzung	102
5.4	Werkstoff Holz	106
5.4.1	Theoretische Zusammenhänge	106
5.4.2	Praktische Umsetzung	110
5.5	Werkstoff Stein	112
5.5.1	Theoretische Zusammenhänge	113
5.5.2	Praktische Umsetzung	115
5.6	Werkstoff Metall	117
5.6.1	Material	117
5.6.2	Praktische Umsetzung	117
5.7	Objektkunst	118
5.7.1	Materialien und Werkzeuge	118
5.7.2	Praktische Umsetzung	119
	Literaturverzeichnis	126
	Bildquellenverzeichnis	128
	Stichwortverzeichnis	129

Einführung

Das vorliegende Buch orientiert sich am Lehrplan für das Fach Werken/Gestalten an der Fachschule für Heilerziehungspflege bzw. Heilpädagogik. Damit wendet es sich als Handbuch für die Gestaltung des Unterrichts und gleichzeitig als Arbeitsbuch für das selbstständige Tun primär an Lehrende und Lernende an diesen Fachschulen. Mit seinen zahlreichen Anregungen kann es aber gleichzeitig ein Wegweiser sein für all jene, die Menschen mit Behinderung auf ihrem Lebensweg begleiten und sie zu eigenständigem schöpferischen Handeln ermuntern wollen.

Der immer wieder verwendete Begriff „Kunst" steht für die elementare gestalterische Aktivität eines jeden Menschen – ob mit oder ohne Behinderung. Es soll deutlich werden, dass jenseits der Reduzierung auf sogenannte „hohe Kunst" schöpferisches Gestalten mit künstlerischen Materialien stattfindet, welches als künstlerische Betätigungsform zu verstehen ist. Die Entfaltung kreativer Möglichkeiten, seien sie noch so gering, steht im Vordergrund, sodass bei allen pädagogischen Prozessen schöpferisches Handeln als subjektorientierte Aktivität konzipiert werden muss.

Im ersten Kapitel wird aufgezeigt, welche außerordentliche Bedeutung kreatives Gestalten mit künstlerischen Materialien für Menschen mit Behinderung besitzt. Die folgenden Kapitel sind den einzelnen Gestaltungsbereichen zugeordnet. Sie sind in sich abgeschlossen und können auch unabhängig voneinander verwendet werden. Die einzelnen Kapitel sind so aufgebaut, dass im Theorieteil zunächst grundlegende Informationen zu den einzelnen Gestaltungsbereichen zusammengetragen sind. Im Praxisteil werden zahlreiche Handlungsansätze vorgestellt, die schließlich durch Beispiele aus der Praxis transparent gemacht werden. Sinnvolle Fragestellungen und weiterführende Aufgaben ergänzen die einzelnen Abschnitte.

Das Buch basiert auf praktischen Erfahrungen in Schule und Einrichtungen. Es erhebt keinen Anspruch auf Vollständigkeit und kann gerne durch weitere Anregungen ergänzt werden.

1 Kreatives Gestalten und Behinderung

- *Was ist Kunst für Sie?*

- *Glauben Sie, dass Sie kreativ sind? Wenn ja, warum, wenn nein, warum nicht? Was verstehen Sie unter Kreativität?*

- *Inwieweit vermag der schöpferische Umgang mit unterschiedlichen Materialien menschliches Wachstum zu fördern?*

- *Welche Ziele sollte Ihres Erachtens das Fach Werken/Gestalten im Bildungsgang Heilerziehungspflege/ Heilpädagogik haben? Welche Inhalte erwarten Sie im Rahmen des Faches?*

- *Berichten Sie über Erfahrungen, die Sie im Rahmen Ihrer Arbeit in Einrichtungen der Behindertenhilfe mit den unterschiedlichen Erscheinungsformen von künstlerischem Gestalten gemacht haben.*

Kapitel 1 | Kreatives Gestalten und Behinderung

„Kunst gehört zu jedem Menschen! Eine Behinderung kann ihren Ausdruck erschweren, aber sie kann sie einem Menschen nicht nehmen." **(Haupt, Hansen, 1999, S. 3)**

Tipp

Schöpferisches Gestalten spielt sowohl in der Entwicklung der Menschheitsgeschichte als auch in der Entwicklung der einzelnen Persönlichkeit eine wichtige Rolle. Jeder Mensch ist mit einem kreativen Potenzial ausgestattet, dessen Entwicklung früh in der Kindheit beginnt.

Kreativität wird grundsätzlich verstanden als schöpferische Kraft, die jedem Menschen in ganz individueller Form zueigen ist. Mittels dieser gestaltenden Energie formt der Mensch die Welt mit, hinterlässt er Spuren, verändert er Bestehendes und „trägt damit zur allgemeinen Problemlösung in der gesellschaftlichen Realität bei". (G. Wollschläger, 1972, S. 11) Menschen mit Behinderung verfügen häufig über andere physische bzw. mentale Möglichkeiten zur Lösung eines Problems als andere Menschen.

Beim gestalterischen Tun nutzt der Mensch seine kreativen Fähigkeiten, um einer bestimmten Erfahrung, Empfindung oder Idee Ausdruck bzw. Gestalt zu geben. Hinsichtlich der Frage, wann gestaltendes Handeln als Kunst verstanden oder bezeichnet werden kann, gibt es unterschiedliche Ansätze.

„Ein Werk wird zum „Kunst"-Werk, wenn es als solches definiert wird. Diese Definition kann vom Künstler oder von anderen ausgehen. Die Frage, ob Kunst (Künstler) oder nicht, ist eine Frage der Sehgewohnheiten, des Kunstverständnisses und der Qualität, die durch Bewertungsmaßstäbe der Gesellschaft festgelegt wird. Alles Faktoren, die der Wandlung und der individuellen Ausprägung unterliegen."
(Lebenshilfe, Kunst und Kreativität geistig behinderter Menschen, S. 11)

Anregung

Auszüge aus einem Referat von Hans Gercke, Direktor des Heidelberger Kunstvereins:

Welche Kunst ist nicht verrückt?

„Zweifellos gibt es eine komplexe Affinität zwischen künstlerischer Aktivität und – zumindest im Grenzfall pathologischer – Abweichung von der Normalität. Denn es geht ja in der Kunst immer wieder um neue Erfahrungen, darum, das Bekannte neu und anders zu sehen, andere Aspekte als die vertrauten herauszuarbeiten, und mögen sie – zumindest zunächst – noch so ,verrückt' erscheinen. Etwas ,verrücken', die Perspektive, den Kontext der Betrachtung zu verändern, ist denn auch, ganz wörtlich, zu einem der wichtigsten Verfahren zeitgenössischer Kunstpraxis geworden … (…)

Kunst ist, bei aller Vielfalt, unteilbar. Die biografischen Hintergründe für das Entstehen von Kunstwerken mögen von (…) Interesse sein, für die Bewertung der Qualität sind sie letztlich irrelevant. Entscheidend ist jene schwer messbare und definierbare Intensität, die von ,echter Kunst' ausgeht, sich jedoch nicht unbedingt auf Anhieb, sondern häufig erst im intensiven Bemühen des Betrachters (…) erschließt.

Intensität, Stimmigkeit, Authentizität, Unverwechselbarkeit des persönlichen Stils und eine sich in dessen Entwicklung manifestierende gestalterische Kompetenz sind Kriterien, die gleichermaßen für die Beurteilung der künstlerischen Leistung von Menschen mit und ohne Behinderung gelten. Die Kunst von Menschen mit Behinderung darf gerade dann keinen ,Mitleidsbonus' beanspruchen, wenn es um die Emanzipation und Integration ihrer Urheber geht."
(in ,Aufbruch', Magazin der Evangelischen Stiftung Alsterdorf, Heft 4, Dezember 2003, S. 6)

Kreatives Gestalten und Behinderung

Aufgabe

1. Versuchen Sie, das Wesen der Kunst nach H. Gerckes Ausführungen zu definieren. Worin besteht die Schwierigkeit, hier eine grundsätzliche Aussage zu treffen?

2. „Die Kunst von Menschen mit Behinderung darf keinen ‚Mitleidsbonus' beanspruchen, wenn es um Emanzipation und Integration ihrer Urheber geht". Erläutern Sie diese Forderung und beziehen Sie einen eigenen Standpunkt.

Nach Prof. Dr. M. Aissen-Crewett birgt künstlerisches Tun als basale Ausdrucksform für Menschen mit Behinderung besondere Chancen:

- Das Entdecken und Erkunden, der Umgang mit sinnlich-künstlerischem Material durch künstlerisches Arbeiten fördert das sensorische Wahrnehmungsvermögen – und zugleich, dieses auch zu genießen.
- Künstlerisches Arbeiten fördert die Möglichkeit und damit die Fähigkeit, eigene Entscheidungen zu treffen in Bezug auf Materialien, Themen usw. – und trägt damit zur Entscheidungsfähigkeit und Selbstständigkeit bei.
- Künstlerisches Arbeiten fördert die Beherrschung von Werkzeugen, Materialien und Prozessen – und damit auch die Freude über und den Stolz auf diese Fähigkeit.
- Künstlerisches Arbeiten fördert die Entwicklung von Fertigkeiten zur Herstellung eines Produkts – und damit auch die Freude über und den Stolz auf dieses Produkt als sichtbares Symbol einer höchstpersönlichen Leistung und der Fähigkeit, ein Werk eigenständig und eigenverantwortlich herzustellen.
- Künstlerisches Arbeiten bietet die wichtige Gelegenheit, sich unabhängig von Dritten zu betätigen – eine für viele behinderte Menschen besonders wichtige Erfahrung, da viele sonst weitgehend abhängig von anderen sind und trägt damit zur Selbstständigkeit bei.
- Künstlerisches Arbeiten bietet die Möglichkeit, sich mit sich selbst zu befassen und damit auf sich selbst zu besinnen – und trägt damit zur Selbstfindung und zum Eigenbewusstsein bei.
- „Künstlerisches Arbeiten bietet die Möglichkeit, auf symbolische Weise Gefühle und Fantasien, vor allem der Angst, Abhängigkeit und Unterlegenheit, aber auch der Freude zu be- und verarbeiten – und trägt damit zur psychischen Entlastung bei." *(Aissen-Crewett, 1996, S. 13)*

„Künstlerisches Tätigsein und gestalterische Aktivitäten von und mit Menschen mit Behinderung sind elementar für menschliches Wachstum." *(Aissen-Crewett, 1996, S. 12)*

Theunissen warnt indessen vor einer ausschließlich symptom- und defizitorientierten Vorgehensweise in der Heil- und Sonderpädagogik. Er betont, dass es nicht nur darum gehen darf, im Sinne einer Entwicklung künstlerischer Fertigkeiten eine Fülle von Verfahren aus dem ästhetischen Bereich aneinanderzureihen. Vielmehr sollten in einer (förder-)diagnostischen Phase zunächst die ästhetischen Kompetenzen (Interessen, Bedürfnisse, sich im ästhetischen Bereich auszudrücken) geklärt werden. Im Anschluss daran kann ein ästhetisches Programm entwickelt werden, in welches auch „Lern- und Erfahrungsfelder wie freie spielerische ästhetische Prozesse, basale kreative Erfahrungen, soziales Lernen, basale Erlebnisräume (…) einbezogen werden". (Theunissen, 1997, S. 129)

Stift Tilbeck, Havixbeck

Kapitel 1 | Kreatives Gestalten und Behinderung

Aufgabe

1. Diskutieren Sie die Behauptung „Jeder Mensch ist ein Künstler".

2. Reflektieren Sie Ihre eigenen Befindlichkeiten hinsichtlich der Wirkweise von künstlerischer Tätigkeit. In welchen Situationen haben Sie schon erfahren, dass Kunst lockert, entspannt, stärkt, weitet etc.

3. Wägen Sie die beiden Momente des ästhetischen Spiels, das ästhetische Produkt und den ästhetischen Prozess, gegeneinander ab. Finden Sie Beispiele aus der Praxis, die die Bedeutung beider Aspekte belegen.

Anregung

Kunst-Praxis, Soest, Werkstattgespräch mit S. Lüftner, Künstlerin und Kunsttherapeutin, Organisatorin und Leitung des Projektes:

„In der Kunst-Praxis (ein nicht eingetragener, gemeinnütziger, wohltätiger Verein) treffen sich seit 1994 Behinderte und Nichtbehinderte unter fachlicher künstlerischer Anleitung zu kreativer Arbeit, zum Malen, Gestalten, Bildhauern und Musizieren. Der schöpferische Prozess erlaubt zunächst jedem Beteiligten den Zugang zu sich selbst, zu verschütteten kreativen Fähigkeiten. Gleichzeitig lernt man in der Gruppe die Arbeit des anderen kennen, tauscht sich im Gespräch aus, Kommunikation entfaltet sich, Kontakte werden aufgebaut. Behinderung wird nicht mehr als verunsichernd empfunden, Vorurteile werden abgebaut, Grenzen im gemeinsamen Umgang überwunden: Ein bedeutsamer, sowohl zeitgemäßer als auch zukunftsweisender Aspekt zur Bereicherung der Kunstszene, nicht nur im Kreis Soest. (...)
Das Projekt Kunst-Praxis ist als unabhängiger Verein an keine Institution gebunden und verfügt auch über keinen Kostenträger."
(Freies Atelier und Kunsttherapie in der Psychiatrie, 2001, S. 89–90)

Aufgabe

1. Erläutern Sie die besonderen Möglichkeiten des Projektes Kunst-Praxis unter dem Gesichtspunkt „Kunst ist Integration".
   Welche Bedeutung besitzt das Kunstprojekt
   - für TeilnehmerInnen mit Behinderung,
   - für TeilnehmerInnen ohne Behinderung,
   - für Außenstehende?

2. Nehmen Sie Stellung zu einem der Hauptgedanken von integrativen Kunstgruppen, dem Prinzip der gleichberechtigten Begegnung.

3. Welche Konsequenzen ergeben sich aus der Tatsache, dass es sich um einen unabhängigen Verein handelt?

1.1 Ästhetische Erziehung

Der Begriff Ästhetik ist abgeleitet vom altgriechischen „Aisthesis" (Sinneswahrnehmung) und taucht zum ersten Mal 1735 bei dem Philosophen Alexander Gottlieb Baumgarten auf als Bezeichnung für die philosophische Wissenschaft von der „sinnlichen Erkenntnis". Der Philosoph Immanuel Kant erweiterte den Begriff zur „Wissenschaft vom Schönen".

Ästhetische Erziehung hat ganz allgemein zum Ziel, Wahrnehmungsprozesse zu fördern und Ausdrucksmöglichkeiten zu entfalten.

Ästhetische Erziehung

Die Heilpädagogen Deinhardt und Georgens machten deutlich, dass der ästhetischen Erziehung in der pädagogischen Arbeit mit Menschen mit Behinderung eine Schlüsselfunktion zukommt. Sie entwarfen um 1860 ein Konzept des „Gebrauchs ästhetisch-erzieherischer Heilmittel":

> *„(...) man hat ihr Auge durch Farbenspiele zu beschäftigen, indem man ihnen zum Beispiel abwechselnd die verschiedenartigen Seiten von Scheiben zukehrt, sie nach Fähnchen verschiedener Farben langen oder weglaufen lässt, später verschiedenartige Täfelchen in gleichfarbige Häufchen aufeinanderlegen lässt und zu den Legeübungen einen Übergang macht."* ***(Deinhardt, Georgens, 1861/1979, S. 362)***

Wichtigstes Mittel der ästhetischen Erziehung ist – im Sinne Friedrich Schillers, der ebenfalls als einer der ersten Vertreter ästhetischen Denkens und Handelns betrachtet werden darf – das ästhetische Spiel, welches „zur Selbstdarstellung und Selbstverwirklichung des Individuums beitragen soll" (Hellmann, Rohrmann, 1996, S. 59).

Theunissen weist auf den Doppelcharakter dieses Spiels hin:

> *„Einerseits geht es um das Tun, die Tätigkeit, andererseits wird das ästhetische Objekt in den Mittelpunkt gerückt, welches (...) ‚schön' sein muss, d.h. ein Symbol des mit sich selbst identisch gewordenen Subjekts. Pädagogisch gesehen haben wir es hier einerseits mit handlungsbezogenem, prozessorientiertem Lernen und andererseits mit produktorientiertem Lernen zu tun. Beide Momente, der ästhetische Prozess und das ästhetische Produkt, stehen in dialektischem Verhältnis zueinander."*
> ***(Theunissen, Heilpädagogik, 1997, S. 87)***

Unter ästhetischer Erziehung versteht Theunissen „den Versuch, mit einem geistig behinderten Menschen in Beziehung zu treten und ihn auf dem Hintergrund dieses zwischenmenschlichen Verhältnisses mittels ästhetischer Materialien und Prozesse zur Entwicklung seiner Selbstdarstellungs- und Selbstverwirklichungsmöglichkeiten in sozialer Bezogenheit zu befähigen".
(Theunissen, Basale Anthropologie, 1997, S. 136 u. 137)

Die Aufnahme- und Gestaltungsmodalitäten, die im Rahmen einer so verstandenen ästhetischen Erziehung zum Einsatz kommen können, sind nicht jedem Menschen eigen, können jedoch angeregt, vorbereitet und begleitet werden.

Ästhetische Erziehung soll in diesem Sinne als ein Prozess verstanden werden, der auch außerhalb von Schule das Leben von Menschen mit Behinderung zu entwickeln, zu fördern und zu bereichern vermag. Damit können die im weiteren Verlauf dargestellten gestalterischen Möglichkeiten als Methodenkomplex begriffen werden, aus dem Heilerziehungspfleger/innen und Heilpädagog/innen unter Berücksichtigung aller relevanten Wirkfaktoren auswählen mögen.

Aufgabe

1. *Suchen Sie in der Fachliteratur nach einer Definition des Begriffs Kreativität. Welcher Zusammenhang besteht zwischen ästhetischer Erziehung und Kreativität?*

2. *Tragen Sie Informationen zusammen über ästhetische Elementarerziehung. Welche Gemeinsamkeiten können Sie feststellen, welche Unterschiede werden deutlich?*

3. *Welche Konsequenzen ergeben sich aus der Definition von G. Theunissen für Ihre Arbeit als Heilerziehungspfleger/in bzw. Heilpädagog/in?*

Kapitel 1 | Kreatives Gestalten und Behinderung

1.2 Ästhetische Prozesse in Einrichtungen der Behindertenhilfe

Aufgabe

1. *Sie wollen in einer Ihnen bekannten Einrichtung der Behindertenhilfe künstlerische Aktivitäten in kleinerem und größerem Stil initiieren, planen, organisieren. Wie gehen Sie vor? Planen Sie in einzelnen Schritten. Worauf gilt es zu achten? Wo sehen Sie Grenzen? Unter welchen Voraussetzungen könnten Sie sich vorstellen, in Ihrer Freizeit eine integrative Kunstgruppe zu besuchen bzw. zu leiten? Tauschen Sie Meinungen und Argumente aus.*

2. *Welche Rolle spielt die Öffentlichkeitsarbeit für kreative Projekte? Wie lässt sie sich gestalten? Welche Ziele sind damit verbunden?*

3. *Über welche Qualifikationen müsste Ihrer Meinung nach eine „anleitende Person" für eine Kunstgruppe mit bzw. von Künstlern mit Behinderung verfügen?*

Künstlerisches Tätigsein von und mit Menschen mit Behinderung findet in den Einrichtungen auf unterschiedlichen Ebenen statt.

Im Rahmen von Fördermaßnahmen eröffnen Arbeiten mit unterschiedlichen Materialien wie z. B. Farben, Papier, Holz, Ton oder Stein Menschen mit Behinderung neue Erfahrungen mit sich selbst und Teilen der Umgebung. Verschiedene Gestaltungstechniken und Verfahren werden als eine Möglichkeit angeboten, sich auszudrücken, die eigene Ausdrucksfähigkeit zu erweitern. Häufig geht es in erster Linie um die basale Begegnung mit den Materialien, die wesentliche Wahrnehmungsprozesse initiieren kann und damit die Grundlage für unterschiedliche Förderziele darstellt.

Anregung

„Allgemeine Ausgangslage:
Heidi: Linksseitig betonte Tetraspastik, starke Deformation des Tonus (Korsettträgerin), gutes Sprachverständnis, gutes Sprachvermögen, wobei oft Worthülsen verwandt werden.
Silke: Keine Körperbehinderung, Sprachverständnis und Sprachvermögen ist vorhanden. Silke neigt zu stereotypen Bewegungsabläufen und stereotypen Wortfolgen. Heidi und Silke sind kontaktfreudig aber antriebsschwach, gering konzentrationsfähig, leicht ablenkbar von der Arbeit.
Ablauf der Stunde: Heidi sitzt im Rollstuhl an einem Maltisch gegenüber von Silke. Unter Mithilfe beider Frauen wird eine große Papierbahn über beide Tische gespannt und festgeklebt. Als Malwerkzeug dient ein Stück kräftige Pappwalze. Nachdem Heidi und Silke ihre Farbwahl getroffen haben, wird die Walze von Heidi mit Fingerfarben eingefärbt. Ich achte dabei darauf, dass auch die linke Hand, die selten eingesetzt wird, aktiv wird. Nun rollt Heidi die so eingefärbte Walze über das Papier zu Silke. Silke rollt die Walze wieder zu Heidi. Ist keine Farbe mehr auf der Walze, wird sie von Heidi und Silke wieder mit Fingerfarben eingestrichen. Die Farbe bleibt beim Abrollen auf dem Papier haften, so entstehen Farbspuren. Da immer andere Farben eingesetzt werden, überlagern sich die einzelnen Farbschichten. So entsteht mit der Zeit ein Bild in gemeinsamer Aktion. Nach Betrachten des fertigen Bildes werden im nahen Bad die Hände gewaschen." (Lichtenberg, 1991, S. 288 u. 289)

Aufgabe

1. *Unter welchem Förderaspekt ist die beschriebene Gestaltungsaktivität zu betrachten? Welche Ziele lassen sich formulieren?*

2. *Welche Funktion übernimmt der Betreuer innerhalb der Aktivität?*

3. *Erläutern Sie vor dem Hintergrund dieses Textes die Aussage: Einen Menschen fördern heißt, ihn kennenzulernen.*

Ästhetische Prozesse in Einrichtungen der Behindertenhilfe

Im Rahmen von **Freizeitaktivitäten** kommt ebenfalls künstlerisches Tun zum Tragen. Außerhalb von Arbeitsplatz oder Schule können Menschen mit Behinderung selbstbestimmt und mit Freude gestalterische Techniken erproben. Die Bewohner eines Hauses oder einer Wohngruppe können gemeinsam an der Entwicklung ihrer Fähigkeiten arbeiten und ihre Ausdrucksformen erweitern. Neben den künstlerischen Techniken wie Malen, dreidimensionales Gestalten usw. scheinen auch Handpuppenspiel, Maskenbau und -spiel, Pantomime und Theater dafür besonders geeignet. Im Rahmen vorgegebener oder gemeinsam entwickelter Themen soll sich jeder Teilnehmer individuell entfalten. Die Gruppe hat auch eine soziale Funktion, die neben der künstlerischen Betätigung durch Gespräche gefördert wird.

Neben solchen Gruppenangeboten sind Projekte, die über einen festgelegten Zeitraum und mit einem Ziel (Ausstellung, Aufführung) stattfinden, eine Möglichkeit, direkt in der Einrichtung ein gestalterisches Angebot für die Freizeit zu machen.

Außerhalb der Einrichtung bieten sich andere Aktivitäten im Zusammenhang mit Kunst an:

- *Besuche in offenen Ateliers*
- *Volkshochschulkurse bieten Möglichkeiten des Miteinanders in künstlerischem Tun von Menschen mit und ohne Behinderung.*
- *Arbeitsgemeinschaften in Freizeitzentren können sich verschiedenen Formen künstlerischer Aktivitäten widmen.*
- *In Form von Ferienakademien können während des Urlaubs Kreativwochen angeboten werden.*

(siehe auch Bundesvereinigung Lebenshilfe, 1987)

Kunsthaus Kannen, Münster

Anregung

Workshop Bildende Kunst mit dem Blaumeier-Atelier (Bremen)
(Projektangebot des Landesverbandes der Lebenshilfe Rheinland-Pfalz, Mainz 3/2007)

„Jeder hat ihn, den kleinen Schatz – ein Kuscheltier, ein Foto von jemandem, den man ganz besonders gerne hat, eine Blume oder was auch immer ... Bringen Sie Ihren Schatz und – falls vorhanden – ein selbstgefertigtes Gemälde oder eine Zeichnung mit zum Kunst-Workshop des Blaumeier Ateliers. Teilnehmen kann jeder, der Lust auf Malen, Zeichnen oder Drucken hat. Die Workshop-Teilnehmer haben die Möglichkeit, eine Woche lang gemeinsam zum Thema ‚Mein Schätzchen' zu arbeiten – und zum Schluss gibt es eine kleine Ausstellung mit den entsprechenden Bildern."
Landesverband der Lebenshilfe Rheinland-Pfalz, 2007, gekürzt)

Das Blaumeier-Atelier aus Bremen ist durch seine spektakulären Theater- und Maskenproduktionen, ungewöhnlichen Ausstellungen bekannt geworden. Bei Blaumeier gibt es Raum für die künstlerische Arbeit Verrückt-Normaler und Normal-Verrückter. Alle arbeiten gemeinsam und gleichberechtigt. Entstehende Werke werden allein unter künstlerischem Aspekt betrachtet und präsentiert. Das ‚typisch Blaumeierische' entsteht immer wieder aufs Neue durch die gegenseitige Inspiration.

Aufgabe

1. Welches sind die wesentlichen Ziele dieses Angebotes?

2. Stellen Sie das Anliegen der gemeinsamen Arbeit ‚Verrückt-Normaler und Normal-Verrückter' heraus.

3. Worin besteht die Aufgabe der anleitenden Personen in diesem Workshop?

13

Kapitel 1 | Kreatives Gestalten und Behinderung

Künstlerische und kreative Aktivitäten können in den Werkstätten im Rahmen von arbeitsbegleitenden Maßnahmen stattfinden oder in einem eigenen Produktionsbereich. In der bisherigen Praxis ist es selten, dass Menschen mit Behinderung einen Arbeitsplatz im kulturellen bzw. künstlerischen Bereich haben, positive Beispiele bzw. Modelle verdeutlichen jedoch, dass die professionelle künstlerische Arbeit von und mit Menschen mit Behinderung, der sogenannte **Arbeitsplatz Kunst**, eine starke regenerative und leistungsstabilisierende Wirkung auf die Betroffenen hat.

Kunsthaus Kannen, Münster

Anregung

„Freunde der Schlumper e. V.", eine Werkstatt geistig behinderter Künstler:
„Es war zufällig in der Straße ‚Beim Schlump', wo sich 1984 in den Kellerräumen des Stadthauses um den Hamburger Maler Rolf Laut sogenannte geistig Behinderte sammelten, die malen ‚mussten'. Viele der ‚Schlumper' waren in den Werkstätten für Behinderte gescheitert und als werkstattunfähig eingestuft worden.
Inzwischen zählt die Gruppe ca. 30 Frauen und Männer im Alter zwischen 20 und 80 Jahren. Sie leben über den Großraum Hamburg verstreut in betreuten Wohneinrichtungen verschiedener Träger. 1993 wurde den Schlumpern durch die Behörde für Arbeit, Gesundheit und Soziales und durch den Verein „Freunde der Schlumper" die Chance gegeben, aus ihrer besonderen Begabung einen Beruf zu machen. Das Arbeitsprojekt „Schlumper von Beruf" bietet zzt. 22 KünstlerInnen der Gruppe einen festen Arbeitsplatz, der mit Zahlungen von Eingliederungshilfen nach dem Bundessozialhilfegesetz unterstützt wird.
Das Arbeitsprojekt ist vom Prinzip her ähnlich konzipiert wie eine gewöhnliche Werkstatt für Behinderte, d. h. es müssen in der Produktion Gewinne erwirtschaftet werden, die den Produktionsprozess tragen und den Künstlern eine monatliche Entlohnung sichern. Ungewöhnlich ist, dass hier ganzheitliche selbstbestimmte Arbeit verrichtet wird. Ungewöhnlich sind auch die Produkte: Malerei, Grafik, Skulptur, Installation und Performance. Der Markt für die Produkte von Schlumper ist der gewöhnliche Kunstmarkt. Die Schlumper stellen an normalen Kunstplätzen aus wie Galerien, Museen und Kunstvereinen. Ihre Arbeiten werden für Plakate und Plattencovers genutzt, werden an Filmer, Fotografen und Kunstliebhaber gegen Gebühr entliehen und werden von privaten Sammlern und öffentlichen Einrichtungen gekauft. Bei allen ihren Aktivitäten wird den Schlumpern assistiert von freischaffenden Künstlern."
(Gekeler/Gudarzi/Richter, 2001, S. 94 u. 95)

Aufgabe

1. „Was ohn' Vorgedanken, ohn' Kunst geschiehet, das ist Schlump, der unvermutete Glücksfall." (Grimm'sches Wörterbuch).
   Versuchen Sie, dieses Zitat in Verbindung zu bringen mit der Arbeit der Künstlergruppe.

2. Wie erklären Sie sich die Tatsache, dass viele der Schlumper in den Werkstätten für Behinderte gescheitert sind und als werkstattunfähig eingestuft worden sind, in der Kunstgruppe jedoch eine neue Identität erfahren konnten?

3. Sammeln Sie Berichte über andere Kunstgruppen von Menschen mit Behinderung. Vergleichen Sie die Organisationsstrukturen und die Arbeitsweisen und versuchen Sie, gemeinsame Ziele zu benennen.

2 Malerei

- In welchem Zusammenhang ist Ihnen schon einmal bewusst geworden, dass Sie auf farbliche Signale und Reize reagieren?

- Welche Maltechniken kennen Sie? Welche Methoden haben Ihnen mehr, welche weniger Freude bereitet? Begründen Sie Ihre Aussage und tauschen Sie in der Klasse Erfahrungen aus.

- Welche Aktivitäten mit Farbe haben Sie in Ihnen bekannten Einrichtungen der Behindertenhilfe kennen gelernt? Welche Personen waren beteiligt, welche Ziele hatten die Angebote? Tauschen Sie Ihre Erfahrungen aus und vergleichen Sie.

- Stellen Sie im Klassenverband Situationen und Anlässe zusammen, die den Umgang mit Farbe im Leben von Menschen mit Behinderung initiieren bzw. sinnvoll oder gar notwendig machen.

Kapitel 2 | Malerei

2.1 Theoretische Zusammenhänge

In diesem Kapitel werden folgende Fragen beantwortet:

- *Wie kommt es zu Farberscheinungen und zu Farbsehen?*
- *Welchen Einfluss haben Farben in vielfacher Hinsicht und in unterschiedlichsten Bereichen auf das Leben des Menschen?*
- *Welche wesentlichen, objektiven Gesetzmäßigkeiten beinhaltet die Farbenlehre des Malers und Kunsterziehers Johannes Itten?*
- *Welche Materialien und Werkzeuge sind für den Umgang mit Farbe in heilerziehungspflegerischen Einrichtungen grundsätzlich empfehlenswert?*

2.1.1 Grundlagen der Farbwahrnehmung

Etwa 80 % sämtlicher Informationen, die ein Mensch erhält, sind optischer Art. Da visuelle Reize grundsätzlich gleichzeitig auf Formen und Farben basieren, ist davon auszugehen, dass ca. 40 % aller Informationen, die auf den Menschen einwirken, Farbinformationen sind.

Farbe ist in unserem Alltagsleben zu einer selbstverständlichen Erscheinung geworden, wir sind es gewohnt, von farbigen Reizen und Signalen geleitet zu werden. Die Welt erscheint uns vom Naturschauspiel bis zum einfachen Gebrauchsgegenstand farbig, und in der Vermittlung von Botschaften über Medien und Werbung ist die Farbe nicht mehr wegzudenken.

„Farben sind die Kinder des Lichts, und Licht ist die Mutter der Farben."
(Itten, 1970, S. 8)

Voraussetzung jeglichen Farbsehens ist das Licht. Wie jeder weiß, hat ein leuchtend roter Gegenstand bei Erlöschen des Lichts alle Leuchtkraft eingebüßt. Dadurch, dass im weißen Lichtstrahl Farben enthalten sind, können Gegenstände überhaupt farbig gesehen werden. Seit jeher sind Menschen tief beeindruckt, wenn das weiße Sonnenlicht bei einem Regenschauer in den Regentropfen gebrochen wird und ein leuchtender Regenbogen am grauen Himmel erscheint. Der Physiker Isaak Newton stellte diesen Vorgang 1676 durch einen Versuch dar, indem er einen weißen Lichtstrahl durch einen Glaskörper (Prisma) schickte. Der Strahl wurde gebrochen und auf der gegenüberliegenden Wand entstanden die Farben des Regenbogens, die Spektralfarben. Bündelt man die Farben in einer Sammellinse, so entsteht wieder weißes Licht.

Die Farben bestehen aus elektromagnetischen Wellen. Rot ist am langwelligsten und deshalb für uns angenehm, violett ist am kurzwelligsten und deshalb vielen Menschen unangenehm, da diese Farbe gerade noch für das menschliche Auge erfassbar ist.

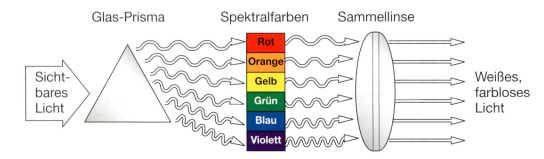

Liegt ein roter Ball in einem verdunkelten Zimmer, so ist er einfach grau. Wird Licht in den Raum gelassen, dann leuchtet er rot. Wie geht das nun vor sich? In Wirklichkeit hat der Ball keine Farbe. Trifft aber der Lichtstrahl auf seine Oberfläche, sehen wir sie rot, da ihre Farbpigmente so beschaffen sind, dass alle übrigen Farben des Spektrums verschluckt (absorbiert) werden und nur der Rotanteil in unser Auge zurückgeworfen wird.

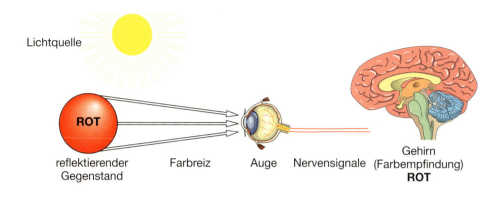

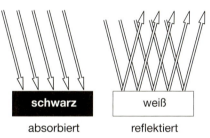

Wir sehen Weiß, wenn alle Farben des Spektrums reflektiert werden, und wir sehen Schwarz, wenn alle Farben absorbiert werden. (Vgl. Manthey, Pöninghaus, 2000, S. 42 u. 43)

2.1.2 Psychologie der Farbe

> Farben sind Erscheinungen, die Empfindungen in uns auslösen. Dabei übt die psychophysische Energie der Farbe nicht nur auf die Gemütsverfassung des Menschen Kraft aus, auch rein körperlich können Farben wirksam werden.

> „Sagen wir also: Rot ist nicht nur die bunteste Farbe, sie ist auch mit den Eigenschaften eines lebendigen, brennenden, energischen, kraftvollen Ausdrucks behaftet. Nennen wir sie feurig, schreiend, vordringend, dann erleben wir sie. Wir spüren ihre außerordentliche psychophysische Kraft." **(Pawlik, 1979, S. 62)**

Nach Itten rühren Farbempfindungen zunächst von Naturerfahrungen her und sind in diesem Zusammenhang subjektiver Art.

> „Ein hochroter Kopf, ein grün oder blau angelaufenes Gesicht deuten auf Krankheit hin und flößen Angst und Sorge ein. Das Abendrot hingegen verkündet schönes Wetter, die grüne Wiese und der blaue Himmel versprechen schöne und erholsame Zeit. Nichts Krankhaftes, nichts Sorgenvolles – genau das Gegenteil: Entspannung und Gesundheit. Andererseits kann Rot wiederum an Blut, Feuer und Verletzung erinnern und gleichzeitig auf Gefahr hinweisen (rote Ampel, rotes Verkehrsschild)." **(Hietkamp, 1998, S. 46)**

Schon in frühen Zeiten ordnete man den einzelnen Farben einen symbolischen Wert zu. Die tiefere Bedeutung dieser Symbolik geht meist bis in die frühe Geschichte der Menschheit zurück.

Blau:	Macht, Distanz, Treue, Sehnsucht, Traum, Frieden
Gelb:	Bewusstsein, Auflösung, Licht, Missgunst
Rot:	Leidenschaft, Liebe, Wärme, Glut, Revolution, Nähe

Aufgabe

1. Finden Sie weitere Assoziationen zu einzelnen Farben.

2. Die Farbsymbolik begegnet uns auch in der Sprache. Welche Sprichwörter und Redensarten kennen Sie? Recherchieren Sie, wie es zur Entstehung dieser Formulierungen kam. Kennen Sie andere sprachliche Ausdrucksformen von Farben (z. B. ein Gedicht …)?

Zweifellos wird das ästhetische Empfinden eines Menschen auch entscheidend geprägt durch seine individuelle Vorliebe bzw. Abneigung bezüglich bestimmter Farben. Nach Itten kann Farbempfinden und Farberleben aber auch objektiv verstanden werden. Besonders im Verlauf der Jahreszeiten wird z. B. deutlich, dass Farben grundsätzlich auf den Menschen wirken können: Nach der grauen Winterzeit genießen die Menschen im Frühling die leuchtenden Farben der Frühblüher.

Erwiesen ist die Wirkung von Farbe auch in verschiedenen Bereichen menschlichen Lebens. So hat die medizinische Forschung durch umfangreiche Versuche den Zusammenhang zwischen Farbe und menschlichem Wohlbefinden herausgestellt. Die gegensätzlichsten Farben in Bezug auf Körperreaktionen sind Rot und Blau. Untersuchungen ergaben, dass ein Mensch, der einige Zeit einer Rotbestrahlung ausgesetzt ist, anders reagiert als einer, der im Blaulicht sitzt. Der Puls verändert sich, der Blutdruck wird beeinflusst, der Hormonhaushalt empfindlich getroffen, ja selbst die Gedanken und Träumereien werden verschieden beeinflusst.

Itten fand heraus, dass das Betrachten von Orangetönen kreislauffördernd wirkt, Türkis dagegen die Blutzirkulation verlangsamt und kühlend wirkt. Gelbes Licht stimuliert seelisch und hält uns wach.

Schon im Jahre 1916 wurde in England eine ‚Internationale Hochschule der Farbenheilung' ins Leben gerufen. Mediziner gehen davon aus, dass die einzelnen Farben unterschiedliche Organe günstig beeinflussen können. Bei Beschwerden werden die betroffenen Körperstellen mithilfe einer starken Lampe und entsprechenden Farbfiltern bestrahlt, z. B. blaues Licht bei Bluthochdruck oder zur Behandlung von gelbsüchtigen Babys. Mit Rotlicht behandelt man Entzündungen und Vernarbungen, bekannt sind ebenso die Wärmebehandlungen in der Krankengymnastik mit Infrarotlicht. Weißes Spektrallicht ist eine Medikation bei Winterdepressionen und mit ultraviolettem Licht hat man gute Erfolge bei Schuppenflechte erzielt.

Dass wir Farben über unseren Sehsinn aufnehmen, verwundert nicht. Dass aber auch die Haut Farben „sehen" kann, wissen die wenigsten. Durch Untersuchungen hat man festgestellt, dass Bestrahlungen mit farbigem Licht selbst bei erblindeten Menschen motorische Reaktionen auslösen. Auch Sehende reagierten bei Bestrahlungen, die nur von hinten erfolgten, mit den gleichen Ergebnissen. Farben wirken offensichtlich durch ihre Schwingungen auf den menschlichen Organismus und das auch jenseits der optischen Wahrnehmung.

Informieren Sie sich bei einem Heilpraktiker über die unterschiedlichen Methoden und Möglichkeiten von Farbbestrahlungen.

Mithilfe von Farben versuchen Psychologen und Ärzte zur Persönlichkeitsbeurteilung einer Person zu gelangen, Konfliktursachen aufzudecken und Konfliktlösungen zu finden. Bekannt sind hier beispielsweise die Farbtests von Prof. Dr. Max Lüscher.

Erwiesen ist auch der Einfluss von Farben in Räumen, in denen Menschen leben und arbeiten. Hier sollen durch eine günstige und wohlüberlegte Farbgebung das Wohlbefinden und damit auch die Arbeitsleistung gesteigert werden. Farben können einen Raum optisch verändern.

> „Rot bei mittlerer Farbmenge lässt einen Raum anregend, aufmunternd und warm erscheinen, die Farbe verdichtet den Raum. Bei extremer Farbmenge von Rot entsteht jedoch eine aufreizende, ja, erdrückende Atmosphäre, der Raum wirkt optisch kleiner. Grün bei mittlerer Farbmenge wirkt im Raum beruhigend, man fühlt sich beschützt, Assoziationen an Natur treten auf. Grün bei extremer Farbmenge wirkt eher lähmend. Blau bei mittlerer Farbmenge wirkt kühl und beruhigend, man fühlt sich nicht so behaglich, gemütlich, Assoziationen von Wasser und Himmel treten auf. Gelb bei mittlerer Farbmenge wirkt strahlend, heiter, sehr jung und sonnig, assoziiert Ferien, den Süden." **(Hamm, 1984, S. 34 u. 35)**

Auch für das Gesamtbild eines Bauwerkes ist das Zusammenspiel von architektonischer Form und farbiger Gestaltung von erheblicher Bedeutung. Eine ausgewogene Ganzheit aus Form und Farbe erfordert eine sorgfältige Farbauswahl und -anordnung durch den Architekten.

Für den Handel und die Werbung heißt es längst: „Farbe fördert den Umsatz". Durch den gezielten Einsatz bestimmter Farben wird das Interesse an einem Artikel heraufbeschworen oder seine Eigenschaften unterstrichen und damit die Kauflust geweckt.

Auch die öffentliche Verkehrsregelung beruht im Wesentlichen auf dem Suggestivcharakter von Farben; sie wählt für Warnschilder das heiße, feurige und gefährliche Rot und das beruhigende Grün für freie Fahrt.

Die Wirkung von Farben auf unser Wohlbefinden ist darüber hinaus durchaus wandelbar. Sie ist das Ergebnis zahlreicher Einflüsse, nicht zuletzt formen Mode und Zeitgeschmack unsere Empfindungen und Vorstellungen. Auch die Erfahrungen anderer Sinnesorgane prägen unsere Wahrnehmung und verbinden sich zu einem Gesamteindruck; Gewohnheiten spielen dabei ebenfalls eine Rolle.

Aufgabe

1. Finden Sie Beispiele aus Ihrem Alltag, die deutlich machen, dass Ihr Handeln und Fühlen durch Farben beeinflusst bzw. hervorgerufen wird.

2. Der Symbolwert von Farben beruht häufig auf Übereinkünften und Konventionen. Welche solcher Absprachen kennen Sie? (z. B. orangefarbenes Quadrat für Gefahrgut, schwarze Kleidung bei Trauer etc.)

3. Welche Kriterien müssen Ihrer Meinung nach bei der farblichen Gestaltung eines Wohnheims für Menschen mit Behinderung berücksichtigt werden? Unterscheiden Sie nach Funktions- und reinen Wohnräumen. Machen Sie einen Entwurf, der Ihre Überlegungen verdeutlicht.

2.1.3 Ordnungssystem der Farbe

Zahlreiche Wissenschaftler und Künstler haben versucht, die Gesetzmäßigkeiten der Farbe in ein überschaubares System zu bringen. Der Maler und Kunstpädagoge Johannes Itten entwarf 1921 die heute wohl gebräuchlichste Farbordnung, den 12-teiligen Farbkreis.

Der Farbkreis von Johannes Itten
Nach Itten bilden die Farben Rot, Blau, Gelb die sogenannten Grundfarben, Primärfarben oder Farben erster Ordnung.

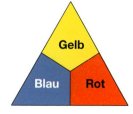

Kapitel 2 | Malerei

Durch Mischung zweier Grundfarben entsteht jeweils eine Mischfarbe, die Sekundärfarbe oder Farbe zweiter Ordnung genannt wird. Die drei Farben zweiter Ordnung müssen sehr genau ausgemischt werden, sie dürfen weder zu der einen noch zu der anderen Farbe hinneigen.

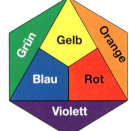

Rot + Blau = Violett

Blau + Gelb = Grün

Gelb + Rot = Orange

Durch Mischung einer Farbe erster Ordnung mit einer Farbe zweiter Ordnung entstehen die Tertiärfarben oder die Farben dritter Ordnung.

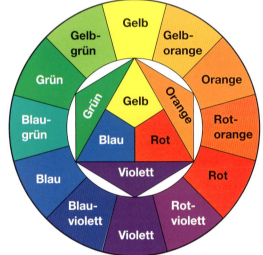

Gelb + Orange = Gelborange

Rot + Orange = Rotorange

Rot + Violett = Rotviolett

Blau + Violett = Blauviolett

Blau + Grün = Blaugrün

Gelb + Grün = Gelbgrün

So ist ein zwölfteiliger, gleichabständiger Farbkreis entstanden, in welchem jede Farbe ihren unverwechselbaren Platz einnimmt. (Vgl. Itten, 1970)

Weder zu den Tertiärfarben noch zum 12-teiligen Farbkreis gehören folgende Farben: Braun entsteht nach Itten beispielsweise durch Trübung von Orange mit Schwarz. Deshalb werden Brauntöne auch als getrübte oder gebrochene Farbtöne bezeichnet. Braun entsteht aber auch aus der Mischung von Gelb und Violett. Da Violett die Mischung aus Rot und Blau ist, kann Braun ebenfalls aus der Mischung der drei Grundfarben entstehen. Nur bei äußerst genauer Farbmischung dieser drei Farben erhalten wir das von Itten beschriebene neutrale Grau. Ansonsten ergeben die Mischungen der im Farbkreis gegenüberliegenden Farben, der komplementären Farben, ein Graubraun. Braun lässt sich aber auch aus den Paaren der Sekundärfarben ermischen, z. B. Orange und Grün.

Grau enthält man durch die Mischung von weißen und schwarzen Farbpigmenten. Weiß und Schwarz werden auch als Nichtfarben bezeichnet. Nach Newton ist das Licht der Sonne rein weiß, während Schwarz absolute Dunkelheit, also Lichtlosigkeit darstellt.

Aufgabe

1. Welche Farben kennen Sie? Fertigen Sie eine Liste an mit möglichst vielen unterschiedlichen Farbnamen. Bedenken Sie dabei die zahlreichen Nuancen, die häufig benannt sind nach Gegenständen bzw. Naturerscheinungen, die sie hervorbringen (z. B. Lachsrot, Himmelblau, Honiggelb etc.).

2. Zahlreiche Namen von Farben sind im Zusammenhang mit ihrer Gewinnung entstanden. So wurde z. B. die Purpurfarbe früher aus dem Schleim einer Meeresschnecke, der Purpurschnecke, gewonnen. Der weiße Schneckenschleim nimmt an der Luft rote Farbe an. Versuchen Sie, Aufschluss über die Herkunft weiterer Farbnamen zu erhalten und tauschen Sie Ihre Informationen im Klassenverband aus.

3. Wählen Sie eine Farbe aus, die Sie mögen, und eine andere, die Sie nicht mögen. Lassen Sie diese Farben in einem nichtgegenständlichen Bild miteinander in Kontakt treten. Beschreiben Sie Ihre Ergebnisse.

4. Gestalten Sie eine Collage zum Thema „Meine Lieblingsfarbe". Verwenden Sie möglichst unterschiedliche Materialien und achten Sie darauf, dass die einzelnen Nuancen einer Farbe zum Ausdruck gebracht werden.

Grün

2.1.4 Materialien und Werkzeuge

1. Mit welchen Werkzeugen und Materialien sind Sie im Rahmen von Gestaltungsprozessen mit Farbe bislang in Kontakt gekommen? Tauschen Sie in der Klasse Erfahrungen aus.

2. Diskutieren Sie Materialien und Werkzeuge, die im Zusammenhang mit bestimmten Behinderungsformen Probleme aufwerfen könnten, und suchen Sie nach möglichen Alternativen.

3. Überprüfen Sie in einer behindertenpädagogischen Einrichtung die Ausstattung für kreative Prozesse mit Farbe.

Die Voraussetzung für jede gestalterische Arbeit ist eine Ausstattung mit gutem Material, für das Gestalten mit Farbe bezieht sich dies im Wesentlichen auf Farbe, Malwerkzeug und Maluntergrund.

Farbe

Farben bestehen aus Farbmitteln/Pigmenten, Bindemittel und aus einem Lösungsmittel.

Das Farbmittel kann ein festes, fein zerriebenes Pigment sein oder ein in Wasser bzw. einem anderen Lösungsmittel löslicher Farbstoff. Es gibt natürliche und künstliche Farbstoffe, letztere besitzen zwar eine hohe Leuchtkraft und Lichtbeständigkeit, sind häufig aber auch giftig, denn ihre Pigmente enthalten Blei, Cadmium, Arsen und Quecksilber sowie andere Schwermetalle.

Kapitel 2 | Malerei

Für den Einsatz von Farbe in der Arbeit mit Menschen mit Behinderung ist es demzufolge von großer Bedeutung, dass die Farben sorgfältig ausgewählt und auf ihre Qualität und Eignung hin überprüft werden. Als Kriterien sollten gelten: eine gute Pigmentierung, Farbreinheit (wichtig für das Mischen von Farben), Ungiftigkeit und eventuell Auswaschbarkeit. Die Palette der im Handel angebotenen Farben reicht von Farbpulver und Pigmenten zum Selbstanrühren über Pastos- und Flüssigfarben mit unterschiedlichen Eigenschaften bis hin zu wasserlöslichen Deck- und Temperafarben.

Für die gestalterische Arbeit in behindertenpädagogischen Einrichtungen eignen sich:

- **Fingerfarben:** Pastose, wenig pigmentierte, in der Regel ungiftige, wasserlösliche und wasserverdünnbare, „schwere" Farben, die in Flaschen oder in Dosen im Handel erhältlich sind. Die Farbauswahl ist meist beschränkt, die Farben eignen sich nur bedingt zum Mischen, weil sie z. T. nicht ganz rein sind (z. B. Zinnoberrot statt Karminrot). Die Farben sind leicht aus der Kleidung auswaschbar. Fingerfarben lassen sich mit bloßen Fingern auftragen, was einen intensiven taktilen Bezug ermöglicht. Ihre bedingte Gleitfähigkeit kann durch den Zusatz von Kleister verbessert werden. Der Kontakt, den das Material erlaubt, ist vielfältig – man kann mit den Händen über die Fläche gleiten, auf ihr sudeln und schmieren – es lassen sich nahezu alle Stimmungen und Emotionen unkontrolliert zum Ausdruck bringen. Fingerfarbe regt zur Bewegungsförderung an, bei Menschen mit Behinderung kann sie – wenn die Ängstlichkeit vor der Verschmutzung einmal abgebaut ist – direkt als basal-ästhetisches Fördermittel angewendet werden. Man kann Fingerfarben mithilfe von Farbpulver und Wasser oder Kleister selber kostengünstig herstellen.

- **Temperafarben** (lat. temperare = mischen): Kennzeichnend für diese Farben sind eine matte, gut deckende Farbschicht und der rasche Trocknungsprozess, der ein rasches Übermalen ermöglicht. Die Pigmente können mit wasserlöslichen Bindemitteln (z. B. Kasein > Kaseintempera) oder mit wasserfesten Bindemitteln (z. B. Eigelb > Eitempera) versetzt werden. Temperafarben werden in Malblöcken, Malpucks, Malschalen, in Flaschen, Tuben und in Malkästen angeboten, sie sind von fester oder pastoser Konsistenz. Die Farben sind ungiftig und können daher ohne Bedenken im Behindertenbereich angewendet werden.

- **Plakafarben** sind Kaseintemperafarben auf Wasserbasis mit guter Vermalbarkeit und hoher Deckkraft. Die große Farbauswahl mit leuchtenden Farben, die alle untereinander mischbar sind, zeichnet diese Farbe ebenso aus wie die vielseitigen Einsatzmöglichkeiten, etwa auf Stein, Keramik, Pappe, Gips, Holz, Glas, Ton, Metall und anderen Materialien. Plakafarben trocknen ebenfalls rasch und binden wasserfest ab.

- **Dispersionsfarben:** Neben den erwähnten Bindemitteln für Temperafarben gibt es Kunstharzdispersionen, sog. Dispersionsfarben oder auch Abtönfarben werden in Eimern oder Flaschen angeboten und eignen sich besonders für das großflächige Malen bzw. für umfangreichere Arbeiten. Die Farben sind untereinander mischbar und mit Wasser zu verdünnen. Einmal angetrocknet sind sie aus der Kleidung allerdings kaum noch zu entfernen, Schutzkleidung ist also notwendig. Die Farbe haftet auf allen Untergründen, auch auf Holz oder Stein.

Wasserfarbe

- **Deckfarben:** Farben, die ein wasserlösliches Bindemittel, z. B. Leim oder Gummiarabicum, enthalten und mit weißen Pigmenten und Füllstoffen angereichert werden, sodass sie kreidig wirken und beim Trocknen meist aufhellen. Deckfarben sind reich an Pigmenten und verhalten sich – wie der Name schon sagt – besonders deckend, sie eignen sich für nahezu alle Arbeiten mit Haar- und Borstenpinseln. Deckfarben sind bekannt als 12- oder 24-teilige Schulfarbkästen, die sog. Gouachefarben werden darüber hinaus in Flaschen- bzw. Tubenform angeboten. Deck- bzw. Gouachefarben sind untereinander mischbar und nach dem Trocknen noch wasserlöslich.

- **Tuschen und Tinten:** Weitgehend ungiftige Farben, die oft in Pulverform angeboten und mit Wasser aufgegossen werden.

- **Aquarellfarben:** Wasserlösliche Farben aus feinst gemahlenen und mit Leim und Gummi verbundenen Pigmenten ohne Deckkraft, die zu besonderer Transparenz verdünnt werden können. Die Farben sind gut mischbar und im Handel als kleine Malsteine, Näpfchen oder Tuben erhältlich.

- **Naturfarben:** Farben aus Naturmaterialien (Blätter, Schalen, Hölzer, Erde), die zerkleinert und mit Wasser vermischt bzw. aufgekocht werden. Naturfarben beeindrucken sowohl durch ihre Gewinnungs- als auch ihre Verwendungsmöglichkeiten und eignen sich besonders für das Malen auf Papier.

- **Pastellkreiden:** Malkreiden auf Kaolinbasis, die sich besonders gut zum spontanen Gestalten eignen, da sie maltechnisch einfach zu handhaben sind und sowohl ein flächiges als auch lineares Malen ermöglichen. Es gibt von jeder Farbe mehrere Tonstufen, durch die Zugabe des Bindemittels stehen verschiedene Härten zur Verfügung. Darüber hinaus lassen sich die einzelnen Farben durch Ineinanderreiben miteinander mischen, sodass ein Spektrum von Ausdrucksmöglichkeiten entsteht. Die Kreiden haften nur locker auf dem Blatt und können später leicht verwischen. Pastellkreiden sollten nicht zusammen mit anderen Kreiden in einem Bild verwendet werden, da sich die Kreidestifte dann mit fremden Bindemitteln zusetzen und unbrauchbar werden können. Pastellkreiden sind im Handel in Kästen mit 12, 24 oder mehr Farbtönen erhältlich.

- **Wachsmalfarben:** Farben in Stift-, Block- oder Birnenform, die aus Farbpigmenten und Wachs bestehen und sich durch eine besondere Leuchtkraft und eine gute Haftung auf unterschiedlichen Materialien auszeichnen. Wachsmalfarben werden in einer großen Farbpalette angeboten. Sie enthalten häufig Bienenwachs und sind dann unter Hitzezufuhr schmelzbar. Es gibt auch Wachsmalfarben, die sich mit Wasser vermalen lassen.

- **Ölpastellkreiden:** Diese Kreiden nehmen eine Art Mittelposition zwischen Pastell- und Wachsmalkreiden ein. Im Gegensatz zu Pastellkreiden ermöglichen sie eine intensivere Farbwirkung, anders als Wachsmalkreiden lassen sie sich leichter vermalen und auch mischend ineinanderreiben bzw. -malen.

- **Rötel:** Kreiden aus Eisenocker und Tonerde, die in verschiedenen erdigen Rottönen erhältlich sind. Rötel ist – ebenso wie Zeichenkohle – ein weiches Zeichengerät, lässt sich aber auch für flächendeckendes Gestalten einsetzen. Rötel haftet besonders gut auf rauen Untergründen und ist leicht verwischbar.

> **Anregung**
>
> **Alternative Malmittel**
>
> Neben handelsüblichen synthetischen und selbst gewonnenen Naturfarben lassen sich viele andere Stoffe als Malmittel nutzen.
>
> - Eine braun-rote Rostlasur entsteht, wenn man alte, bereits angerostete Metallteile in einem Behälter mit Wasser aufbewahrt. Das nach einigen Tagen gefärbte Wasser kann auf Papier oder Stoff vermalt, verschüttet oder verspritzt werden.
>
> - Öl und flüssiges Wachs zeichnen sich als transparente Linien und Flächen auf dem Papier ab, wenn man es gegen Licht hält oder vors Fenster hängt.
>
> - Mit Zitronensaft kann man zeichnen und malen, indem man den Saft satt mit dem Pinsel aufträgt, verwischt oder verspritzt und das Blatt nach dem Trocknen mit einem alten Bügeleisen plättet. Die Intensität des bei zunehmender Hitze sich langsam aufbauenden Brauntones hängt von der Menge des aufgebrachten Zitronensaftes und von der Art des Papiers ab.
>
> - Rotbraune Brikett- oder graue Holzasche ergeben vielfältig einsetzbare Malfarben, wenn man sie mit Wasser aufschlämmt und mit etwas Kleister verrührt.

(Vgl. Kathke, 2001, S. 123)

Malen mit Rasierschaum

Grundsätzlich ist beim Malen darauf zu achten, dass man nicht zu viele verschiedene Farben anbietet. Einerseits fällt es bei einer großen Farbauswahl schwer, sich zu entscheiden, andererseits besteht die Gefahr, dass zu viele Farben miteinander vermischt werden, was schließlich zu einer allgemeinen Trübung führt. Es bietet sich also eine Reduzierung des Farbangebotes an, ausgehend von den Grundfarben Gelb, Rot, Blau. Mit ihnen lernen Menschen mit Behinderung allmählich über Vermischen zu neuen Farben zu gelangen. Sobald diesbezüglich eine ausreichende Sicherheit erreicht ist, können schrittweise weitere Farben ergänzt werden.

Kapitel 2 | Malerei

Aufgabe

1. Welche alternativen Malmittel können Sie ergänzen?

2. Sammeln Sie in einem Fachhandel für Gestaltungsmaterialien Informationen über die unterschiedlichen Farbarten, die angeboten werden. Lassen Sie sich beraten und tragen Sie die Ergebnisse in der Klasse vor. Welche Empfehlungen wurden ausgesprochen? Gibt es auch Preisunterschiede?

Malwerkzeug

Tipp

In der gestalterischen Arbeit mit Menschen mit Behinderung besitzen die körpereigenen Werkzeuge eine besondere Vorrangstellung, lassen sie doch einen unmittelbaren Kontakt mit dem Material unabhängig von feinmotorischen Eingrenzungen zu. Das praktische Erleben unterschiedlicher Malmittel wirkt sensibilisierend, eröffnet einen Erfahrungshorizont für die Wahrnehmung von Händen und Füßen und macht Farbe als körperliches und nicht nur als optisches Medium begreifbar.

Es gibt zahlreiche Möglichkeiten für Menschen mit Behinderung, Farbe aufzutragen. Die Auswahl der Werkzeuge sollte natürlich abhängig sein von der Behinderungsart bzw. von den fein- und grobmotorischen Fähigkeiten. Grundsätzlich bieten sich an:

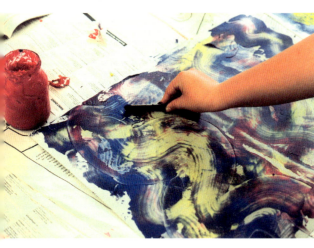

- **Schwämme in unterschiedlichen Größen** (Naturschwämme haben die Eigenschaft, viel mehr Farbe aufzusaugen als Kunstschwämme), Lappen, Wollknäuel, Wattestäbchen

- **Spachtel** aus Pappe, Plastik, Gummi, Holz oder Metall

- **Rasierpinsel, Bürsten, Handfeger, Schrubber, Besen**

- **weitere Hilfsmittel** wie Gießkannen, Blumenspritzen, Luftpumpen, Pipetten usw.

Darüber hinaus gibt es natürlich ein großes Repertoire an Pinseln, die in der behindertenpädagogischen Arbeit mit Farbe zur Anwendung kommen können:

- **Haarpinsel:** Haarpinsel sind rund, in der Regel kurzstielig und mit Nickelzwingen gebunden. Sie haben weiche Haare aus Feinhaar, Feenhaar, Rotmarderhaar oder Rindshaar und eignen sich für Flüssigfarben wie Tuschen und Aquarellfarben sowie für Napffarben. Die Haarpinsel guter Qualität können Wasser wohldosiert über ihre geformte Spitze abgeben, sie verlieren die Haare nicht so schnell wie preisgünstige Sonderangebote. Haarpinsel gibt es in unterschiedlichen Größen von ganz fein (00) bis dick (14–18).

- **Borstenpinsel:** Borstenpinsel werden aus den Rückenborsten von Schweinen hergestellt und sind mit langem oder kurzem rohen Holzstiel als Flach- oder Rundpinsel (Stupper) im Handel erhältlich. Borstenpinsel eignen sich für alle nassen, flüssigen und pastosen Farben, die Größen reichen von schmal (2) bis sehr breit (28).

- **Malerpinsel:** Eine sinnvolle Ergänzung zu den üblichen Pinselsortimenten sind die unterschiedlichen Malerpinsel:

  - **Flachpinsel:** Sie sind zum Streichen von Lacken üblich und eignen sich aufgrund ihres stärkeren Griffes gut für großflächiges Malen mit Flüssigfarben wie z. B. Dispersionsfarben oder Temperafarben. Es gibt sie in den Breiten von 2,5 cm (25) bis 10 cm (100) mit Natur- oder Synthetikborsten, wobei die Naturborsten den Synthetikborsten vorzuziehen sind.

- **Rundpinsel:** Kurzstielige, rundgebundene Pinsel aus Naturborsten, die in den Größen von 1,5 cm bis 5 cm Durchmesser im Handel angeboten werden. Rundpinsel lassen sich ebenfalls gut für großflächiges Malen verwenden und können darüber hinaus ganz eigene Pinselspuren auf dem Blatt hervorbringen, sogenannte Stubber, die durch das Drehen des eingefärbten Pinsels um die eigene Achse entstehen können.
- **Heizkörperpinsel:** Ein langstieliger Flachpinsel aus Naturborsten, der in den Breiten von 1,5 cm bis 5 cm erhältlich ist. Der geknickte Pinselkopf und der lange, dicke Stiel machen diesen Pinsel für die gestalterische Arbeit mit Menschen mit Behinderung besonders wertvoll. Er ermöglicht großflächiges Malen. Es kann stehend an Malwänden, auf dem Boden oder gar vom Rollstuhl aus gemalt werden. Er schafft Distanz zum Bild und liegt durch seinen breiten Holzgriff sicher in der Hand.
- **Farbrollen:** Kleine langstielige Malrollen bieten sich an für MalerInnen mit Behinderung, die keinen Pinsel benutzen, aber Gegenstände festhalten und flach führen können.

Deordler, Zapfen, Zweige

Das Halten von Pinseln gestaltet sich oft schwierig. Durch verschiedene Konstruktionen lassen sich Pinsel so verändern, dass Menschen mit Behinderung die Pinselführung erleichtert wird. Große Holzkugeln, die in die ganze Hand (palmar) aufgenommen werden können und in deren Lochbohrung ein Pinsel steckt, sind ebenso geeignet, wie das Beziehen des Pinselgriffes mit Schaumstoff. Als noch besser hat sich erwiesen, wenn der Schaumstoff derart über den Pinsel gezogen wird, dass am Pinselende ein sich gut in die Hand einfügender Ball entsteht.

Ein Querholz am oberen Ende des Pinsels führt zum T-Griff. Auch diese Hilfe hat sich gut bewährt. Hierzu muss das Griffelholz auf entsprechende Länge abgesägt werden. Das Ende wird ca. 1–1,5 cm breit abgeflacht, in der Stärke des Pinselgriffes quer darüber gelegt und mit einem starken Bindfaden oder Klebeband verbunden (zusätzliches Verleimen mit Holzleim ist sinnvoll). (Vgl. Steiner, 1992, S. 47)

Darüber hinaus bieten sich unterschiedlichste Materialien an, um Pinsel selbst herzustellen, z.B. Wolle, Fell, Stoffe, Schaumstoffreste, Leder, Haare, Federn oder Gräser. Um entrindete Stöcke wickelt man mit verschiedenen Schnüren das gebündelte und um das Stilende verteilte Material und bestreicht es nach dem Verknoten mit Leim.

Aufgabe

1. Sammeln Sie Tannennadeln, unterschiedliche Gräser, Tierhaare und andere Naturmaterialien, die sich zum Auftragen von Farbe eignen. Stellen Sie aus diesen Materialien verschiedene Pinsel her und experimentieren Sie damit. Welches Material eignet sich besser, welches nicht so gut?

2. Erkundigen Sie sich im Fachhandel nach der Herkunft unterschiedlicher Pinselhaare und nach den jeweiligen Möglichkeiten und Grenzen. Welche Preiskategorien können Sie feststellen?

3. Sehen Sie sich zu Hause in Küche, Bad und Garage um. Welche Werkzeuge und Materialien können sich noch als Malwerkzeug eignen?

Maluntergrund

Der Maluntergrund sollte in Abhängigkeit zur Farbe gewählt werden. Jedes Papier ergibt eine seiner Qualität und Struktur entsprechende Wirkung der Farbe.

Für wasserlösliche, „leichte" Farben (Wasserfarben, Batikfarben, Aquarellfarben) benötigt man für eine gute Haftung Untergründe, die saugende Eigenschaften aufweisen. Glatte, nicht saugende Untergründe wie Stein, Glas und Kunststoff sind weniger bzw. nicht geeignet.

„Schwere" Farben (Dispersionsfarben, Ölfarben, Leimfarben) haften auch auf fettfreien, glatten, nicht saugenden Untergründen. Saugende Untergründe müssen für die „schweren" Farben in der Qualität angepasst werden, d.h. sie müssen die Farbe tragen können (z.B. schwere Papiere, Pappen, Kartone).

Grundsätzlich lassen sich bei der gestalterischen Arbeit mit Farbe in behindertenpädagogischen Einrichtungen folgende Papiere einsetzen:

- **Makulatur- und Altpapier** ist in der Regel ein dunkleres Papier, das sich nur bedingt für das Gestalten mit Farbe eignet, weil die Oberfläche meist rau ist und die Farben durch die Eigentönung des Papiers beeinträchtigt werden.
- **Zeichenpapier** ist von geringer Glätte und relativ hoher Dichte, d. h. es gibt unter mittelschweren Farben nicht nach. Meist ist es holzfrei und gilbt deshalb kaum. Es eignet sich für alle Maltechniken mit Deck- und Temperafarben. Für nasse Malverfahren ist es nicht sehr geeignet, da es sich sehr schnell wellt und verzieht.
- **Schreibmaschinenpapier** ist ein glattes Mischpapier aus Hadern, also Leinen- und Baumwolllumpen, und Holz, die zermahlen und mit Bindemitteln zersetzt ein hochfeines Papier von hoher Dichte und Glätte ergeben. Es ist gut geeignet für alle nassen Maltechniken, denn es saugt das Wasser und die Farbe nicht so stark auf.
- **Aquarellpapier** ist holzfrei, sehr dicht und schwer. Es ist besonders geeignet für nasse Maltechniken und ist erhältlich in unterschiedlichen Texturen; bei guter Qualität ist das Papier teuer.
- **Packpapier** ist für die behindertenpädagogische Arbeit besonders wertvoll, da es leicht und kostengünstig zu beschaffen ist und vom Format wie vom Material her großflächiges Arbeiten mit unterschiedlichen Farbarten ermöglicht. Packpapier ist auf einer Seite rau, auf der anderen glatt und zeichnet sich durch seine besondere Elastizität, Reiß-, Knitter- und Scheuerfestigkeit aus. Es gibt verschiedene Sorten, die sich nicht nur in der Qualität, sondern auch in der Farbe voneinander unterscheiden. Weißes Packpapier ist am hochwertigsten, braunes wirkt besonders interessant, wenn die Eigentönung des Papiers mit in das Gestalten aufgenommen werden kann. Graues Papier gilt als relativ brüchig und ist deshalb nur bedingt zu empfehlen.
- **Tonpapier** ist durchgefärbtes Papier, das in unterschiedlichen Qualitäten erhältlich ist. Für die Gestaltungsarbeit mit Farbe hat sich mittelschweres Tonpapier bewährt, weil es reißfester ist.
- **Pappe** besteht aus mehreren zusammengepressten Papierlagen und ist damit schwerer als Papier. Am häufigsten wird Graupappe (elastisch, aus Altpapier) verwendet, die sich besonders für pastoses Malen mit „schweren" Farben eignet.
- **Druckausschuss** ist Papier von geringerer Dichte. Dieser Maluntergrund lässt nur gestalterisches Arbeiten mit „leichten" Farben zu, ist aber überaus günstig in Rollen über Zeitungsdruckereien zu beziehen.
- **Tapetenrollen** sind oft kostengünstig als Restpapiere zu bekommen und schaffen durch ihre unterschiedliche Körnung und Struktur Voraussetzungen für individuelle Farbwirkungen.

Die Formate der jeweiligen Papiersorten richten sich nach der Intention bzw. dem Malanlass und nach dem zur Verfügung stehenden Farbmaterial.

Neben Papieren bieten sich weitere **Malgründe** an:

- Textilgewebe, das über einen Keilrahmen oder auf eine Holzunterlage gespannt und ggf. grundiert wird,
- Spanplatten in unterschiedlichen Formaten, andere Holzplatten oder -stücke,
- Hartfaserplatten, die zunächst grundiert werden sollten, z. B. mit einer Grundierung für Fensterrahmen (sogenannter Fenstergrund), damit die aufgetragene Farbe fest auf dem Malgrund haftet,
- Kunststoff oder Metall, dessen glänzende Oberfläche zunächst mit Spülmittellösung gereinigt werden sollte, damit die Farbe besser haftet,

- auf einem Untergrund (Pappe, Holz) verteiltes Pappmaschee,
- Gips, auf Pappe oder einen textilen Untergrund gespachtelt,
- die eigene Haut, Gesichts- und Körperbemalung mit Erdfarben oder mit Schminke.

Malen auf Leinwand *Malen auf Sperrholz*

Aufgabe

Legen Sie eine Testmappe zum Thema „Gestalten mit Farbe" an. Probieren Sie möglichst viele unterschiedliche Kombinationen von Malmitteln, Malgründen und Malwerkzeugen aus (mindestens 10) und stellen Sie diese in einer Übersicht zusammen. Beschriften Sie die einzelnen Blätter. Tauschen Sie die Mappen untereinander aus und stellen Sie fest, wie viele unterschiedliche Gestaltungsmöglichkeiten es gibt. Welche Malmittel, -werkzeuge bzw. welche Malgründe gefallen Ihnen besser, welche nicht so gut? Begründen Sie Ihre Aussage.

2.1.5 Organisation rund um das Gestalten mit Farbe

Für die gestalterische Arbeit mit Farbe in der Behindertenarbeit gilt, dass jede Aktivität einer gründlichen Vorbereitung bedarf. So müssen neben den Materialien, dem Malwerkzeug und dem Maluntergrund auch der Arbeitsraum und der Arbeitsplatz berücksichtigt werden. Dabei ist zum Beispiel auf Folgendes zu achten:

Ausstattung des Arbeitsraumes:

- Der Arbeitsraum muss so beschaffen sein, dass genügend Platz vorhanden ist. Erlaubt die Arbeitsfläche großformatiges und körpernahes Arbeiten? Ist der Arbeitstisch ggf. rollstuhlunterfahrbar?
- Ein Wasseranschluss im Malraum ist von Vorteil.
- Das Licht sollte im Idealfall von Osten oder Norden kommen. Auf jeden Fall sollte der Raum auch bei Kunstlicht gleichmäßig ausgeleuchtet werden.

Kunsthaus Kannen, Münster

Kapitel 2 | Malerei

■ Die Arbeitsmittel sollten, wenn möglich, praktisch untergebracht und gut zugänglich sein, damit die Arbeit ohne viel Zeitaufwand angefangen und abgebrochen werden kann.

Umgang mit den Materialien:

■ Für eine gute Haltbarkeit der Pinsel ist eine intensive Pflege notwendig: Nach dem Auswaschen sollten Pinsel zum Trocknen flach abgelegt werden, ohne dass die Haare gegen ein Hindernis stoßen und verbogen werden.

■ Sind die Farbbehälter nach dem Gebrauch fest verschlossen, damit die Farbe nicht eintrocknet?

■ Als Malpaletten eignen sich Eimerdeckel mit ihren randbegrenzten, glatten Flächen, ansonsten Teller oder Blumenuntersetzer, in denen die Farbe portioniert werden kann. Eventuell können auch Rührhölzer angeboten werden.

■ Vor dem Malen sollte die/der Malende einen Malkittel anlegen. Falls dennoch die Kleidung verschmutzt wird, sollte man Flecken möglichst in feuchtem Zustand mit einem trockenen Lappen entfernen. Eingetrocknete Farbe lässt sich am besten mit normaler Seife und lauwarmem Wasser auswaschen. Kleidungsstück ggf. über Nacht einweichen und dann in der Maschine waschen.

■ Darauf achten, dass der Malbecher nicht als Trinkbecher verwendet wird, dass die Pinsel nicht mit den Lippen befeuchtet werden und dass farbige Hände nicht in den Mund gelangen. Die Hände sollten öfter gewaschen werden.

Aufgabe

1. *Ergänzen Sie diesen Katalog an Vorüberlegungen zur Organisation von gestalterischen Prozessen mit Farbe. Welche besonderen Voraussetzungen gilt es zu beachten*
   - bei Menschen mit Tetraspastik,
   - bei Menschen mit Demenz,
   - bei Menschen mit Sehbehinderung.

2. *Erfragen Sie die organisatorischen Voraussetzungen und Möglichkeiten für Malaktivitäten in einer Ihnen bekannten behindertenpädagogischen Einrichtung. Tauschen Sie im Klassenverband Ihre Erfahrungen aus und machen Sie ggf. Verbesserungsvorschläge.*

Anregung

Ein Beispiel für bildnerisches Gestalten mit geistig behinderten Menschen zeigt die Kreative Werkstatt der Anstalt Stetten:

„Die Kreative Werkstatt in der Anstalt Stetten ist ein Ort, an dem erwachsene, behinderte Menschen die Möglichkeit haben, künstlerisch tätig zu sein. Die Teilnehmer kommen aus dem Wohnbereich der Anstalt, aus Wohngemeinschaften in der Umgebung oder aus ihrem Elternhaus. Sie sind zwischen 20 und 30 Jahre alt und arbeiten alle in der Werkstatt für Behinderte.
In die Kreative Werkstatt kommen die Teilnehmer freiwillig während ihrer Arbeitszeit, und zwar wöchentlich zwei bis vier Stunden über einen längeren Zeitraum. Sie malen in Einzelbetreuung oder Gruppenunterricht (in der Regel 10–12 Teilnehmer) bei zwei heilpädagogischen Kunsterziehern. Dies setzt voraus, dass sie die Bereitschaft mitbringen, sich auf bildnerisches Vorhaben einzulassen und es zu entwickeln.
Bildnerei wird zur Erlebnisverarbeitung und Ausdrucksmöglichkeit als „freies Gestalten" oder „freie Malerei" eingesetzt, aber auch gezielt zur Wahrnehmungsschulung, Begriffsbildung und Konzentrationssteigerung, gewissermaßen als „Lernhilfe". Wie die Bildnerei verwendet wird, hängt von der jeweiligen körperlichen und seelischen Verfassung des Teilnehmers oder der Gruppensituation ab. Um diese richtig zu beurteilen, wird von den anleitenden Mitarbeitern immer wieder viel Intuition verlangt, und es hat sich bewährt, wenn man mit einem Kollegen gut kooperieren kann.
Grundsätzlich haben Wünsche und Bedürfnisse von Seiten des Teilnehmers oder der Gruppe Vorrang. Manchmal äußert der Teilnehmer direkt, was er machen will – er bestimmt Material und Inhalt selbst, oder er kommt mit einer bestimmten Vorstellung, für die er aber Hinweise und Hilfestellung zur Verwirklichung braucht.
Anders sieht es aus, wenn der Teilnehmer mit sich und seiner Umwelt nicht zurechtkommt, er eventuell ein ganz konkretes Problem hat, das er besprechen möchte oder das ihn so einnimmt, dass er in Unlust, Gleichgültigkeit oder Apathie verfällt.

Auch hier brauchen die heilpädagogischen Kunsterzieher wieder ein hohes Maß an Einfühlungsvermögen und Beweglichkeit. Sie müssen dem Betreffenden die Zuwendung geben, die er nötig hat, und ihn erfahren lassen, dass für ihn jemand Zeit hat. Der Anleitende soll in dem Behinderten nicht ein Kind, sondern den erwachsenen Menschen sehen und ansprechen und ihn ernst nehmen. Diese Haltung setzt in erster Linie das Interesse am Mensch-Sein des Teilnehmers selbst und nicht nur an den Produkten voraus. Das kann manchmal heißen, dass der Kunsterzieher von seinem bildnerischen Vorhaben absieht, wenn vonseiten des Teilnehmers wenig oder keine Bereitschaft dafür besteht. Eventuell erscheint dann ein gemeinsamer Spaziergang oder Cafébesuch sinnvoller.

In der Regel sind die Teilnehmer aber aufnahmebereit, sie erwarten Angebote. Da gilt es, die Bildnerei so einzusetzen, dass sie zum sinnlichen Erfahren der eigenen Person und der Umgebung dient, zu selbstständigem Handeln führt und zu Eigenaktivitäten drängt." **(Spellenberg, 1987, S. 47 ff.)**

Aufgabe

1. Welche Voraussetzungen müssen für das Gelingen des Projektes „Kreative Werkstatt" in der Anstalt Stetten erfüllt sein
   - bei den teilnehmenden Menschen mit Behinderung,
   - bei den betreuenden WerkstattleiterInnen,
   - von Seiten der Einrichtung?

2. Arbeiten Sie die wesentliche Zielsetzung der Kreativen Werkstatt in der Anstalt Stetten heraus. Haben Sie ähnliche Projekte kennengelernt?

3. Stellen Sie einen Bezug her zwischen der kreativen Arbeit in der Anstalt Stetten und der Zielsetzung von ästhetischer Erziehung.

4. Welche Angebote für den gestalterischen Umgang mit Farbe könnten Sie unter Berücksichtigung Ihrer nunmehr erworbenen Kenntnisse für eine kreative Werkstatt machen, in der Menschen mit geistiger Behinderung tätig sind?

2.2 Praktische Umsetzung

In diesem Kapitel sollen mögliche praktische Handlungsansätze für den Umgang mit Farbe in heilerziehungspflegerischen und heilpädagogischen Arbeitsfeldern vorgestellt werden.

Die hier skizzierten Aktivitäten und Verfahren sind so entworfen, dass sie für viele Formen von Behinderungen und verschiedenen Altersstufen geeignet sind. Wegen der großen Vielfalt individueller Fähigkeiten und auch Einschränkungen eines jeden Menschen mit Behinderung sind die beschriebenen Maltechniken bewusst nicht auf eine bestimmte Behinderungsform zugeschnitten.

2.2.1 Lockerungstechniken

Lockerungstechniken eignen sich zum Lockern von Verkrampfungen psychischer oder physischer Art. Sie helfen einem Menschen ebenso, seinen Arm lockerer über das Papier zu bewegen, wie einem Menschen, der Angst hat, überhaupt etwas zu malen. Ganz besonders lockernd wirkt das Malen mit beiden Händen.

Am besten werden Lockerungstechniken auf großen Blättern ausgeführt. Dem Malenden sollten grundsätzlich verschiedene Möglichkeiten der eigenen Position angeboten werden: Sitzen, Stehen, Liegen, Knien, am Tisch, am Boden, in der Senkrechten. Die stehende Haltung fördert spontanen Ausdruck und erlaubt die größte Bewegungsfreiheit. Ferner ist darauf zu achten, dass die Größe des Papiers den motorischen Möglichkeiten und der Größe des Menschen mit Behinderung angepasst wird.

Das Wichtigste bei den Lockerungstechniken ist, dass der Betreuende auf die Bewegungen und die Körperhaltung des Malenden achtet. Die Malbewegungen sollen von der Schultergegend ausgehen, sodass der ganze Arm bewegt wird, nicht nur die Finger.

Bei den Lockerungstechniken darf kein Gewicht auf das Ästhetische der Malerei gelegt werden. Obwohl gerade diese Bilder oft sehr schön sind, wird manchmal solange daran „bewegt", dass nichts mehr erkennbar ist. Im Vordergrund steht die lösende Wirkung und nicht das Resultat. (Vgl. Egger, 1996, S. 66)

Malen mit körpereigenen Mitteln

Fingermalerei, großflächiges Malen mit den Fingern, Händen und Füßen bilden elementare Erfahrungsgrundlagen im Umgang mit dem eigenen Körper. Das praktische Erleben unterschiedlicher Malmittel wirkt für Menschen mit Behinderung sensibilisierend, eröffnet ihnen ihren Körper, ihre Hände und ihre Füße als Werkzeuge und macht ihnen Farbe als körperhaftes und nicht nur optisches Mittel begreifbar.

Die Elementartechnik des Malens mit körpereigenen Mitteln eignet sich besonders für körper- und mehrfachbehinderte Menschen. Das Erlebnis, Spuren zu hinterlassen, wie es für den nichtbehinderten Menschen selbstverständlich ist, bleibt besonders den körperbehinderten Menschen meist verschlossen. Durch den direkten Einsatz des eigenen Körpers kann der behinderte Mensch nun Zeichen setzen, etwas verändern und damit einen eigenen Standpunkt in der Welt beziehen.

Voraussetzung ist eine Arbeitsfläche, die körpernahes Arbeiten ermöglicht. Anfängliche natürliche Materialscheu besonders körperbehinderter Menschen wird erfahrungsgemäß rasch überwunden. Diese Berührungsangst resultiert aus einem akuten Mangel an Umwelt- und Materialerfahrung. Umso notwendiger erscheint es, eine Vielzahl unterschiedlicher Materialien anzubieten, um Ängste abzubauen und Mut zu machen.

Das Malen mit körpereigenen Mitteln bietet sich in besonderer Weise an
- bei allen Störungen im handmotorischen Bereich, die das Halten und Führen von Malutensilien unmöglich machen,
- bei Störungen der Sensibilität als eine Möglichkeit, Materialerfahrungen und taktilkinästhetische Erfahrungen zu kombinieren,
- bei Störungen der symmetrischen Bewegungsabläufe.

Die Erfahrung hat gezeigt, dass viele Menschen mit starken Beugespasmen in den oberen Extremitäten durch die Auseinandersetzung mit den nachfolgenden Angeboten deutlich lockerer und entspannter wurden. (Vgl. Steiner, 1992, S. 58)

Fingermalerei

Material: Schultempera (Fingerfarbe), Kleister, Plastikfolie (ggf. farbig)
Plastikfolie auf einem Tisch fixieren, Kleister in eine Schüssel geben. Er dient als Gleitmittel, um die Farbe geschmeidiger werden zu lassen. Farbe direkt aus der Flasche in den Kleister geben. Maximal drei Schüsseln mit den Grundfarben anrichten. Mit den Fingern und Händen die Farbe auf der Folie verteilen. Es entstehen Spuren, Strukturen, Wölbungen, Aufschiebungen.

Varianten: Diese Technik lässt sich auch in einer großen Schublade oder in einer niederen Kiste durchführen, sie kann dann jederzeit wieder zur Verfügung stehen. Die Kleisterfarben lassen sich mit Sand, Mehl oder Körnern (Vogelfutter, Reis o. Ä.) anreichern. Jedes Material erzeugt beim Malen ein anderes taktiles Erleben.

Kleisterpapier

Material: großes Papier (z. B. Packpapier), Kleister, Tempera- bzw. Abtönfarben

Kleister gleichmäßig dick auf dem Papier verteilen, Farbe hinzufügen (entweder direkt in den Kleister rühren oder mit den Fingern aufnehmen), Spuren mit den Fingern und den Händen ziehen, malen oder zeichnen.

Schwamm-Malen

Material: großes Papier (z. B. Packpapier), Temperafarben, mehrere Schwämme

Papier in Augenhöhe aufhängen, Schwamm in Farbe tauchen, Farbe mit dem Schwamm auf dem Papier verteilen.

Malball

Material: Papier, weiche Unterlage, dünnflüssige Temperafarbe, für jede Farbe einen leeren Deo-Rollstift mit auswechselbarem Glasbehälter

Papier auf der Unterlage befestigen, Deo-Stift mit Farbe füllen und mit dem Farbroller auf dem Papier die Farbe verteilen. (Vgl. Egger, 1996, S. 73)

1. Malen Sie auf großflächigem Papier mit Fingern und Händen. Verwenden Sie unterschiedliche Zugaben und probieren Sie auch verschiedene Malgründe aus. Beobachten Sie die Spuren, die Ihre Hände hinterlassen und beschreiben Sie Ihre Gefühle beim Malen. Tauschen Sie im Anschluss an die Malaktion im Plenum Ihre Erfahrungen aus.
   Welche Maltechnik vermag am intensivsten eine Lockerung hervorzurufen?

2. Malen Sie in Gruppen Schaumbilder. Bilden Sie Gruppentische und gestalten Sie mithilfe von Rasierschaum auf den Tischen Ihr Schaumbild. Sprechen Sie nicht beim Malen. Beobachten Sie die Spuren, die Sie hinterlassen haben und reflektieren Sie im Anschluss Ihre Empfindungen während der Malaktion.

3. Haben Sie Ideen, wie man Lockerungstechniken in der behindertenpädagogischen Praxis realisieren könnte? Planen Sie an konkreten Beispielen.

4. Stellen Sie mithilfe von Packpapier und farbigem Kleister Kleisterpapiere her. Zeichnen Sie in das Kleisterpapier Muster und Motive, benutzen Sie Ihre Finger und Hände und verwenden Sie andere Hilfsmittel wie einen Pinselstiel, eine Gabel, einen im Zickzack eingeschnittenen Kartonstreifen oder einen Kamm. Fertigen Sie aus den fertigen Kleisterpapieren Heft- oder Bucheinbände, Kuverts oder Tüten.

2.2.2 Aleatorische Techniken

Tipp: *Bei diesen Maltechniken handelt es sich um elementare Gestaltungsformen, die in ihrem Ergebnis dem Zufall überlassen sind (aleatorisch = vom Zufall abhängend), die die Freude am Malen weniger von formalzeichnerischen Gesichtspunkten ableiten als von der Wirkung und vom Zusammenspiel der Farben. Sie sind infolgedessen für die gestalterische Arbeit mit behinderten Menschen besonders interessant.*

„Zufall gilt als Innovationsfaktor aller kreativen Prozesse, nicht nur der künstlerischen. Die Mehrdeutigkeit von zufallsbedingten Erscheinungsbildern schult das Sehen und aktiviert die Fantasie. Inszenierte Zufälle können Einfälle provozieren und Imaginationen anregen. Zugleich sichert der Zufall mit seinem spielerischen Charakter Spontaneität und Lebendigkeit. Zufallskonstellationen lockern gedankliche Festlegungen auf und helfen über vermeintliche Unzulänglichkeiten beim Gestalten hinweg." **(Kathke, 2001, S. 242)**

Aufgabe: *Suchen Sie nach Beispielen aus Wissenschaft oder Kunst, wo der Zufall als „Helfer" eine Rolle gespielt hat.*

Die formale Entwicklung der einzelnen Bilder ist möglich, d. h. die kreativen Farbspiele können durchaus zum Ausgangspunkt für malerisches bzw. zeichnerisches Weiterarbeiten werden. Häufig entstehen nämlich durch die eigenwilligen Kompositionen Assoziationen, die sich dann aufgreifen und vertiefen lassen.

Zufallsstrukturen regten die Menschen schon immer zu assoziativen Ausdeutungen an. In Wolken- und Gesteinsformationen kann man Fantasiewesen entdecken, in abgeblättertem Putz Landschaften. Insbesondere für die Künstler des 20. Jahrhunderts wurden Zufallstechniken zu einem wesentlichen Faktor im Gestaltungsprozess. Der Maler Max Ernst schuf seine surrealen Bilder, indem er durch malerische Eingriffe Zufallsstrukturen gemäß den damit verbundenen Assoziationen überarbeitete. (Vgl. Schöttle, 2001, S. 242)

Einige der hier vorgestellten Techniken sind durchaus zielorientiert einsetzbar, und die Grenzen zwischen Zufall und geplantem Handeln sind nicht immer eindeutig. Alle Verfahren lassen aber ein freies, ungebundenes Arbeiten zu und sind deshalb für die gestalterische Arbeit mit Menschen mit Behinderung empfehlenswert.

Farbe klopfen

Material: Haarpinsel 10–14, großflächiges Papier, Deckfarben
Diese Technik setzt voraus, dass der Mensch mit Behinderung einen Gegenstand in der Hand halten kann. Die Farbe wird flüssig aufgenommen und auf das Papier geklopft. Man kann mit verschiedene Farben und unterschiedlich viel Wasser experimentieren und verschiedenen Ausgangspositionen ausprobieren (z. B. statt im Sitzen im Stehen oder gar im Gehen arbeiten, den Pinsel flach oder steil halten, auf die Hand schlagen, mit viel oder wenig Schwung, von nahem und aus weiterer Entfernung).
Eine weitere Differenzierung ist durch verschiedenfarbige Untergründe zu erreichen. Eine gute Alternative zum Pinsel ist für diese Art des Farbdrippings auch eine Fliegenklatsche, die z. B. mit einem Waschhandschuh umzogen wird. Je nach Stoffstruktur ergeben sich unterschiedliche Muster.

Den Freiraum grenzenloser Fläche erleben behinderte Menschen beim Malen auf Asphalt- oder Steinboden, der mit großen Papierbahnen oder Stofflaken abgedeckt werden kann. Mit einem Becher, in dessen Boden ein Loch gestanzt wurde, kann man verdünnte Farbe auf den Untergrund tropfen.

Praktische Umsetzung

1. Betrachten Sie das Bild des Künstlers Jackson Pollock und lesen Sie den Text dazu.

J. Pollock, ohne Titel, 1948

Das Drip Painting (engl.: dripping = tropfend) ist eng an den Namen Jackson Pollock (1912–1956) geknüpft. Diese Methode des Action Paintings (engl.: Aktionsmalerei) erlangte durch ihn ab 1947 insbesondere in Amerika Bedeutung.
Bei diesem Malverfahren wird dünnflüssige Farbe von einer durchlöcherten Blechdose oder dem tropfenden Pinsel auf den Bildträger geträufelt. Langstielige Pinsel bieten dem Künstler Spielraum zur subjektiven Gestaltung der in der Regel großformatigen Leinwände.
Im Mittelpunkt des Geschehens steht der Vorgang selbst. Die Bildfläche wird zur Aktionsbühne, um die sich der Maler bewegt und in gestischer Aktion Spuren hinterlässt. Ziel dieses spontanen Prozesses sind der Ausschluss rationaler Kontrolle und gegenständlicher Assoziationen. Die Emotionen des Künstlers sollen in der unmittelbaren Dynamik des Malvorgangs ihren direkten Ausdruck finden. Trotz des großen Anteils des Zufalls und der Spontaneität wirken die Arbeiten nicht chaotisch. Der Künstler kontrolliert den Zufall durch die Größe des Lochs in der Farbdose die Konsistenz der Farbe, der Qualität des aufgenommenen Pigments und die Art der mehr oder weniger raschen Hand- und Armbewegung sowie durch den Grad der Trocknung der einzelnen Farbschichten. (Vgl. Herbert Schöttle, 2001)
Sagt Ihnen diese Form künstlerischen Ausdrucks zu? Finden Sie sie interessant? Lehnen Sie sie ab? Begründen Sie Ihre Antwort.

2. Gestalten Sie ein Bild nach dem Prinzip des Drip Paintings:
   - Breiten Sie den Bildträger (z. B. Papier oder Leinwand) auf dem Fußboden aus.
   - Schlagen Sie mit Hammer und Nagel ein Loch in den Boden einer Blechdose.
   - Geben Sie mit Wasser verdünnte Abtönfarbe in die Blechdose.
   - Tropfen, spritzen, schleudern Sie mit der Dose und/oder einem Pinsel Farbe auf den Bildträger.
   - Bohren Sie ggf. weitere Löcher in den oberen Rand der Dose, sodass sich eine Schnur befestigen lässt und lassen Sie die Dose über dem Bildträger pendeln.

   Wie fühlen Sie sich während des Gestaltungsprozesses? Wie gefällt Ihnen Ihr Ergebnis?
   Diskutieren Sie vergleichbare Gestaltungsangebote für Menschen mit Behinderung.

Farbe spritzen

Material: großformatiges Papier, dicke Pinsel, Einwegspritzen (ohne Nadel), Blumenspritzen, Deckfarben

Die Farbe wird sehr flüssig in Einwegspritzen oder Blumenspritzen gefüllt. Auch Shampoo- oder Spülmittelflaschen eigenen sich. Am besten kann man die Farbe im Stehen spritzen, um genügend Bewegungsspielraum zu haben. Mit unterschiedlichen Farben und auf unterschiedliche Weise lassen sich auf dem Papier Sprühspuren erzeugen. Auch hier kann ein farbiger Hintergrund einen dekorativen Kontrast schaffen.

Farbe spachteln

Material: „Puddingfarben", Pappteller (Mischpalette), Pappe, Holzstäbchen (Eisstiele), Spachtel aus Pappe, Plastik, Metall oder Holz

Zunächst müssen die pastosen Farben zubereitet werden: 5 Tassen Wasser, 2 Tassen weißes Mehl, 1/2 Tasse Zucker und 3 Esslöffel Salz werden miteinander vermischt und in einem Kochtopf bei mittlerer Hitze ca. 7 Minuten geköchelt. Die abgekühlte Masse wird in drei verschiedene Schraubgläser gegeben, zum Einfärben vermischt man dann etwa 3 Esslöffel der Masse mit 2 Esslöffel Farbe. Vorzugsweise sollten nur die Grundfarben angerührt werden, da beim Zusammenfügen von zu vielen unterschiedlichen Farbtönen eine graue Masse entsteht.

Mit Spachteln werden die Farben auf die Pappe aufgetragen, indem sie so über den Malgrund gezogen und miteinander verbunden werden, dass Farbschlieren entstehen oder Farbgrate zurückbleiben. Die Mischpalette kann dem Zusammenführen einzelner Farbtöne vor dem Auftragen dienen.

Für Menschen mit eingeschränkter Feinmotorik sollten die Spachtel so ausgewählt sein, dass großflächiges Arbeiten möglich ist.

Wenn man die Puddingfarben mit Sägemehl anreichert, ergibt sich auf dem Bild eine körnige, unebene Struktur, die besondere taktile Erfahrungen ermöglicht.

> **Anregung**
> *Der Künstler Clyfford Still (1904–1980) schuf ab 1947 großformatige Leinwände, die er oft mit monochromen Farbschichten bedeckte. Die mit dem Spachtel auf die Leinwand gebrachte Ölfarbe wirkte oft schrundig und bewusst „unkultiviert" aufgetragen.*

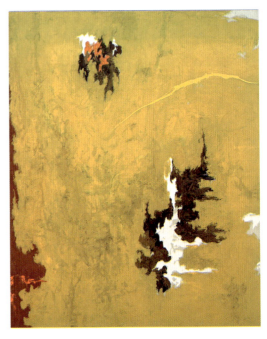

Clyfford Still, 1948, C. Hirshhorn Museum and Sculpture Garden, Smithsonian Institution, Washington

Praktische Umsetzung

Aufgabe

1. „Der Betrachter wird für gewöhnlich das sehen, was seine Ängste, Hoffnungen (...) ihn zu sehen lehren."
   (Clyfford Still)
   Unternehmen Sie vor dem Hintergrund dieser Aussage den Versuch einer Interpretation von Stills Bildkomposition.

2. Sammeln Sie Informationen über Leben und Werk des Künstlers.

3. Still gilt als einer der führenden Vertreter des Abstrakten Expressionismus. Stellen Sie die wesentlichen Grundlagen dieser Stilrichtung heraus und diskutieren Sie mögliche Handlungsansätze, die sich für die gestalterische Arbeit mit Menschen mit Behinderung ergeben.

Farbe streuen

Material: großformatiges Papier bzw. Karton, Kleister, Farbpigmente, Löffel
Der Maluntergrund wird mit Leim oder Kleister eingestrichen. Die Farbpigmente werden mittels eines Löffels vorsichtig auf den Malgrund gestreut und ggf. mit dem Pinsel oder mit einem Stöckchen weiter verteilt. Das Farbpulver, welches nach dem Gestaltungsprozess nicht mit dem Malgrund abgebunden hat, lässt sich später vorsichtig abschütteln.

Anregung

Yves Klein experimentierte in den 1950er-Jahren mit den unterschiedlichsten Farbanwendungen. Er rollte oder spritzte die Farbe auf den Bildgrund, verrieb sie mit Schwämmen, er setzte die Bildträger Feuer, Regen und Wind aus. Gleichzeitig widmete er sich über den Einsatz von Farbpigmenten der sog. monochromen Malerei (einfarbig angestrichene Farbflächen).

Yves Klein, Blaues Schwammrelief, 1958. Pressspanplatte, Schwämme, Pigment und Kunstharz, Museum Ludwig, Köln

Aufgabe

1. Betrachten Sie das Bild von Yves Klein genau. Welche Empfindungen löst es bei Ihnen aus?

2. Sammeln Sie Informationen über Leben und Werk des Künstlers.

3. Gestalten Sie mithilfe von Farbpigmenten ein monochromes Bild. Kombinieren Sie es im Sinne einer Collage mit anderen Materialien, ohne den monochromen Charakter aus dem Blick zu verlieren.

4. Diskutieren Sie die Bedeutung einer derart reduzierten Farbpalette in der gestalterischen Arbeit mit Menschen mit Behinderung. Welche Möglichkeiten/Grenzen tun sich auf?

35

Laufenlassen des Tropfens

Material: Schreibmaschinenpapier, Deckfarben, Haarpinsel Stärke 8–10

Mit dem gut angefeuchteten Haarpinsel wird ein satter Tropfen Farbe auf das Papier gesetzt und durch Heben und Senken des Papiers über das Papier geführt, sodass ein Netzwerk von Farbspuren entsteht.

(Farbe, die eine bereits gelaufene Linie kreuzen soll, wird der vorgegebenen Farbspur folgen. Das Blatt muss dann in die gewünschte Position gehoben werden, bis sich ein größerer Tropfen gesammelt hat, durch leichtes Schütteln wird der Tropfen die Spur überwinden.)

Ein hochgefalteter Papierrand kann verhindern, dass bei Menschen mit Behinderung, die über eine eingeschränkte Reaktionsfähigkeit verfügen, die Farbe über das Blatt hinausläuft.

> **Anregung**
>
> Das Laufenlassen von Farben setzen einige Künstler ganz gezielt für ihre bildnerischen Kompositionen ein.
>
> Joan Miro malte 1973 im Alter von 80 Jahren das Bild ‚Mai 1968', eine verspätete Reaktion auf die Studentenrevolte in Paris und verbindet darin spontane Gesten mit erfundenen Zeichen.

Joan Miro: Mai 1968, 1973

Niki de Saint Phalle: Schießbild, 1961, Sammlung Pierre Restany, Paris

Die Künstlerin Niki de Saint Phalle hatte eine besonders eigenwillige Art, die Farbe in ihren Bildern zum Rinnen zu bringen.

> „1960 war ich eine sehr zornige junge Frau. Zornig auf die Männer, auf ihre Macht. Ich fühlte, dass sie mir meinen Freiraum genommen hatten, in dem ich mich frei entfalten konnte. (...) Ich war bereit zu töten. Das Opfer, das ich wählte, waren meine eigenen Bilder. In meine Schießbilder arbeitete ich kleine Farbbeutel mit Farbe hinter Gips ein und schoss auf sie. Dann bat ich den Betrachter auf meine Bilder zu schießen. Ich wurde zum Zeugen meiner eigenen Mordaktion. Die, die auf meine Bilder schossen, sagten mir, dass in ihnen unglaublich heftige Emotionen entstanden. Die Bilder bluteten. Die weiße Oberfläche wurde mit ausspritzender Farbe bedeckt. Das Bild begann zu leben." **(Niki de Saint Phalle, 2000, S. 17, gekürzt)**

Praktische Umsetzung

Aufgabe

1. Betrachten Sie die Bilder und stellen Sie Vermutungen über ihren Entstehungsprozess an.

2. Sammeln Sie Informationen über Leben und Werk der Künstlerin.

3. Inwiefern nutzen die Künstler mit ihren Bildern die Kunst als therapeutische Strategie?

4. Wie ist es zu verstehen, dass Niki de Saint Phalle durch ihre Schießaktionen Bilder zum Leben erwecken will?

5. Experimentieren Sie mit fließenden Farben, indem sie unterschiedlich verdünnte Farben oder Tuschen zum Rinnen bringen. Verwenden Sie dabei verschiedene Malgründe (glattes Papier, geknülltes Papier, Wellpappe, auf einem Grund verteiltes Pappmaschee ...).
Diskutieren Sie den Einsatz dieser Technik in der gestalterischen Arbeit mit Menschen mit Behinderung.

Verblasen eines Tropfens

Material: Schreibmaschinenpapier, Deckfarbenkasten, Haarpinsel, Strohhalm, ggf. Gummischlauch
Mit einem gut feuchten Pinsel wird Farbe vom Napf genommen und ein oder mehrere Tropfen Farbe mit Daumen und Zeigefinger auf das Blatt gedrückt. Nun lässt sich kräftig über die Farbtropfen pusten, sodass sie in feine Strahlen zerstäuben. Ein andersfarbiger Tropfen Farbe wird auf das Blatt getropft und wieder verpustet. Die feinen, sich überschneidenden Verästelungen und die größeren Farbflächen, die inei-nanderlaufen, bilden Mischfarben.

Soll das Verblasen gezielt vor sich gehen, kann der Farbtropfen durch Pusten mit einem Strohhalm gelenkt werden. So lässt sich das Farbnetzwerk besser beeinflussen und steuern. Dünne Gummischläuche sind beweglicher zu handhaben und stellen daher eine sinnvolle Alternative dar. Auch eine Luftpumpe eignet sich für das Ausbreiten von Farblachen auf großflächigem Papier.

Eine Erweiterung der Technik kann dadurch erzielt werden, dass das fast trockene Blatt kurz unter kaltes, laufendes Wasser gehalten wird. Dadurch entstehen Auswaschungen, die dem Blatt ein anderes Erscheinungsbild geben. Wird der Tropfen auf einem leicht angefeuchteten Papier verblasen, entstehen Verästelungen an den Rändern.

Wirkungsvoll erscheinen die bizarren Formen auch auf schwarzem oder dunkelblauem Papier. Die Formen und Farben assoziieren mitunter Gegenständliches und lassen sich durch „Hineinmalen" weiter ausgestalten.

Das Verblasen kann einerseits durchaus befreiende Wirkung haben, andererseits erfordert es – vor allem mithilfe des Strohhalmes – viel Kraft, sodass ggf. Pausen eingelegt werden müssen. Bei Menschen mit Behinderung, denen das Blasen mit dem Mund, aber auch mit dem Strohhalm schwer fällt, kann man Pipetten mit großen Gummibällchen verwenden, die als Klistierspritzen in Drogerien erhältlich sind.

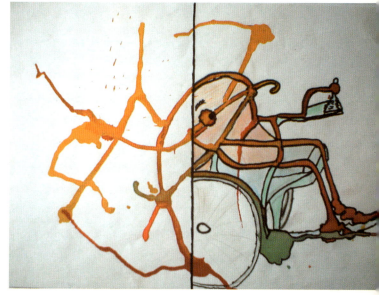

Quetschmalerei

Material: Schreibmaschinenpapier, Deckfarben, Haarpinsel 8–12
Ein Blatt Papier wird in der Mitte gefaltet und wieder auseinandergeklappt. Mit dem gut feuchten Pinsel wird viel Farbe aufgenommen und auf die eine Seite des Blattes getropft. Andere Farben werden hinzugefügt. Die andere Hälfte des Blattes wird nun auf die Farbseite geklappt und vorsichtig angedrückt. Schließlich wird das Papier vorsichtig auseinander gefaltet.

Eine weitere Möglichkeit besteht darin, die Farbtropfen in die Mitte des Blattes (d.h. in die Knickkante) zu setzen. Das Blatt wird zusammengeklappt, mit dem Handrücken wird die Farbe in alle Richtungen auseinander gestreift. Es entstehen achsensymmetrische Gebilde, die Quetschspuren durch Farbmischungen aufweisen.

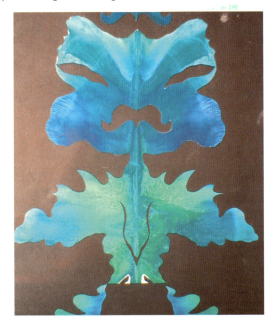

Das Bild lässt sich durch weitere Farben ergänzen, wobei nach jedem Farbauftrag das Blatt neu gefaltet und ausgestreift werden kann. Gestalterischer Einfluss lässt sich durch unterschiedlich festes Andrücken des gestalteten Bildes ausüben. Man kann die Quetschmalerei auch auf feuchtem Papier durchführen und erhält dabei aquarellartige Farbverläufe. Schließlich lassen sich auch bei der Quetschmalerei die entstehenden Figuren durch „Hineinmalen" ausgestalten.

Für Menschen mit Behinderung, die über eingeschränkte feinmotorische Fähigkeiten verfügen, bietet sich an, diese Technik auf großem Format durchzuführen, sodass zum Ausstreifen der Farbe der ganze Arm eingesetzt werden kann.

Fadengrafik

Material: mehrere Schnüre oder Fäden (ca. 30–40 cm lang bzw. dem individuellen Aktionsradius des Menschen mit Behinderung angepasst), Deckfarben, mehrere Borstenpinsel 8 (für jede Farbe einen), Zeichenpapier DIN A3
Das Blatt wird einmal zur Hälfte gefaltet und wieder auseinander gebreitet. In einem Näpfchen wird etwas „Farbsuppe" angesetzt und darin ein Faden kräftig mit der Farbe durchtränkt. Der farbgetränkte Faden wird in Schlaufen und Spiralen auf eine Seite des Papiers gelegt, ein Fadenende muss dabei über die Blattkante hinausreichen. Die andere Seite des Blattes wird darauf geklappt und mit der Hand angepresst. Während mit der

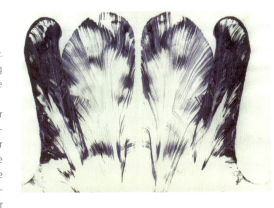

einen Hand das Papier auf dem Tisch festgehalten wird, wird mit der anderen Hand vorsichtig der Faden flach herausgezogen.

Wird ein Ende des Fadens in der Mitte fixiert, so lassen sich durch das Führen der Schnur um dieses Zentrum große farbige Kreisbögen ziehen.
Mit verschiedenen Farben und Fäden (z.B. Baumwollgarn, Zwirn, Paketschnur usw.) lassen sich unterschiedliche Ergebnisse erzielen. Eine weitere Gestaltungsvariante ist das Anfeuchten des Papiers bzw. das Auftragen von Kleister vor dem Fadenziehen. Darüber hinaus kann man auf gefärbtem Kleisterpapier mit uneingefärbten Fäden arbeiten.

Das Fadenziehen und gleichzeitige Anpressen des Papiers könnte für manche Menschen eine Überforderung darstellen. In diesem Fall sollte dieser Schritt besser mit einem Partner erarbeitet werden, wobei einer das Papier festhält und der andere die Fäden zieht. Holzknebel oder größere Holzperlen an einem Ende der Fäden und Schnüre können das Halten und Führen erleichtern.

Eine weitere Art der Fadengrafik ist das Malen mit eingefärbten Schnüren. Dabei werden unterschiedliche Bänder und Schnüre in eher dickflüssiger Farbe getränkt und auf den Bildträger gebracht. Dies geschieht entweder, indem man die Schnüre einfach fallen lässt oder indem man sie – ähnlich dem Drip-Painting – mit Schwung auf den Bildträger schleudert. Im Anschluss werden die Schnüre vom Bild entfernt.

Malen mit Kugeln

Material: Kastendeckel mit niedrigem Rand (Schuhkarton), Murmeln, Schreibmaschinenpapier, Deckfarben
Das Papier wird in den Deckel gelegt. Mit einem feuchten Pinsel nimmt man Farbe auf und setzt mehrere Farbkleckse auf das Blatt. Nun lässt man die Kugel laufen, indem man den Deckel mit den Händen fasst und hin und her kippt. Die Kugel läuft durch die Farbkleckse und hinterlässt Farbspuren auf dem Blatt. Die Murmeln können auch zunächst in einem Behälter in etwas Farbe gerollt und dann in den Deckel gegeben werden.

Befestigt man den Deckel mittels eines Schaumstoffblocks auf einer Unterlage, kann man ihn durch leichtes Anstupsen mit der Hand in Schwingungen versetzen. Diese Technik lässt sich auch großformatig durchführen, indem man große Pappdeckel verwendet (Verpackungsrückstände von Möbeln oder Elektrogeräten) und Tennisbälle einfärbt. Farbe nicht zu trocken aufnehmen! Die rollenden Farbträger müssen ein bestimmtes Eigengewicht haben, damit sie Farbspuren ziehen können; Tischtennisbälle oder leichte Holzperlen sind daher nicht geeignet. Das Malen mit Kugeln ist eine beidhändige Aktivität, bei der die Koordinationsfähigkeit zwischen Auge und Bewegung intensiv trainiert wird.

Nass-in-Nass-Technik

Material: Schreibmaschinenpapier, Haarpinsel 8–12, Naturschwamm, Deckfarben, Wasserbehälter für Schwamm
Diese Technik ist eine Vorstufe zur Aquarellmalerei. Nasse Farben werden hierbei auf einen feuchten Untergrund aufgetragen, wo sie sich ausbreiten und reizvolle Farbspiele entwerfen. Zeichenblatt mit dem Schwamm auf beiden Seiten mit Wasser anfeuchten (Papier wirft dann keine Wellen und haftet gleichmäßig auf dem Untergrund), mit dem Finger oder einem dicken Haarpinsel sehr feucht Farbe aufnehmen und auf das Papier tupfen bzw. tropfen lassen oder in Streifen über das Papier ziehen. Vorgang mit mehreren Farben wiederholen, dabei nach jeder Farbzugabe das endgültige Verlaufen der Farbe auf dem Blatt abwarten, bevor die nächste Spur gesetzt wird. Dieses Verfahren lässt sich in der Aquarellmalerei ausgezeichnet vertiefen und weiterführen.

Farben zerknüllen

Material: Schreibmaschinenpapier, Pinsel 8–12, Schwamm, Deckfarben
Das Papier wird beidseitig vorsichtig mit dem Schwamm angefeuchtet und mit dem Pinsel oder mit dem Schwamm eingefärbt. Im feuchten Zustand wird das Papier zu einem Ball geknüllt und dann vorsichtig wieder auseinander gebreitet. Die Farbverläufe erhalten durch viele kleine Falten und Knicke einen eigenen Ausdruck. Das Zusammenknüllen wird für Menschen mit Behinderung eine lösende Wirkung haben. Beim Auseinanderfalten ist eventuell eine Hilfestellung erforderlich, damit das Papier nicht einreißt.

Kapitel 2 | Malerei

Farbkristalle

Material: Schreibmaschinenpapier, Klarsichtfolie, Pinsel 8–12, Schwamm, Deckfarben

Das Papier wird gut angefeuchtet. Mit dem feuchten Pinsel setzt man große Farbflecke, die sich rasch ausbreiten und vermischen, Nicht zu viele Farben nehmen. Ein Stück Klarsichtfolie, welches etwa die doppelte Größe des Malpapiers haben sollte, wird zerknittert und auf dem noch feuchten Papier in Falten gelegt und vorsichtig angedrückt. Das Bild muss trocknen, dann zieht man die Plastikfolie ab. Dort, wo die Folie mit dem Papier in Kontakt gekommen ist, erscheint die Farbe dunkler, dort, wo sie in Falten abstand, ist sie heller. Somit kommt es zur Bildung dekorativer Farbkristalle. Beim Legen der Folie benötigt der Mensch mit Behinderung eventuell Hilfe, denn möglicherweise ist er bestrebt, die Folie glatt aufzulegen.

Auch diese Technik ist in größerem Format durchführbar, d. h. man verwendet großes Papier und große dünne Plastiksäcke (z. B. Gelbe Säcke, Kleidersäcke vom Roten Kreuz usw.). (Siehe Steiner, 1992; Hietkamp, 1988; Aissen-Crewett, 1989)

> **Aufgabe**
>
> 1. Experimentieren Sie mit den aleatorischen Techniken, die Sie kennengelernt haben. Machen Sie sich Notizen zum Entstehungsprozess und stellen Sie im Klassenverband Ihre Bilder mithilfe Ihrer Aufzeichnungen vor.
>
>   Diskutieren Sie vor dem Hintergrund Ihrer praktischen Erfahrungen in behindertenpädagogischen Einrichtungen die Möglichkeiten und Grenzen der einzelnen Techniken.
>
> 2. Viele KünstlerInnen der Gegenwart nutzen für ihre Arbeit ganz unkonventionelle Möglichkeiten des Farbauftrags.
>
>   Suchen Sie in der Fachliteratur entsprechende Werkbeispiele und stellen Sie sie im Klassenverband vor.

> **Anregung**
>
> *Milly Assmann, Leiterin eines Heilpädagogischen Wohnheims und Lehrbeauftragte für die Fachrichtung Geistigbehindertenpädagogik am Institut für Rehabilitationspädagogik in Halle-Wittenberg, beschreibt das folgende Projekt:*
>
> „Wenige Monate nach dem Umzug wurde von mir eine ‚Künstlergruppe' ins Leben gerufen, um unter anderem mit einigen Bewohnern den Flurbereich im Wohnheim zu gestalten. (…)
> Die Künstlergruppe bestand aus fünf Bewohnern und einer Bewohnerin mit unterschiedlichen Behinderungsformen (Tetraspastik, Trisomie 21 u. a.). Jede Woche trafen wir uns zum gleichen Zeitpunkt für zwei Stunden. Die ersten Treffen dienten der Kontaktaufnahme und der Zielfindung. Sie waren inhaltlich weniger von einer konkreten Zielstellung bestimmt, sondern Farbspiele, Zufallstechniken und das bloße Agieren mit Farben, Materialien und Handwerkszeug standen im Mittelpunkt einer Experimentierphase. Es ging einzig und allein darum, ein Gefühl für das Material zu bekommen, die Experimentierlust zu entwickeln und die Breite an Möglichkeiten der zur Verfügung stehenden Mittel zu erkunden.
> Es waren anregende Stunden voller Kommunikation, auch die ‚sprachlosesten' Teilnehmer fanden für sich Wege der Mitteilung. (…) Das Spiel mit dem Material Farbe und die Verwendung untypischer Arbeitsmittel wie Kämme, Schwämme und Läppchen ließen Zufallsstrukturen entstehen, die zu weiteren Ideen und Aktivitäten anregten. Dadurch entwickelte sich in der Gruppe eine Art Eigendynamik, indem immer mehr die Kreativität und das Wissen um bildnerische Ausdrucksmöglichkeiten der Einzelnen zum Tragen kamen und (kunst-)pädagogische Interventionen seltener wurden. Es bestätigten sich die Teilnehmer nun gegenseitig, und der Einzelne wurde mit einem besonders überraschenden Ergebnis regelrecht gefeiert."
> *(Assmann, 1997, S. 211–213)*

> **Aufgabe**
>
> 1. Beschreiben Sie die einzelnen Phasen der Entwicklung, die sich im Projekt „Künstlergruppe" vollzieht. Wie ließe sich ein Fortgang der gestalterischen Arbeit vorstellen?
>
> 2. Können Sie sich vorstellen, im Rahmen eines Praktikums in einer Einrichtung der Behindertenhilfe ein vergleichbares Angebot zu konzipieren? Worauf müssen Sie achten? Wo könnten Sie auf Schwierigkeiten stoßen?

2.2.3 Farbexperimente

Marmorieren

Material: flache Schale (Mindestgröße 15 x 20 cm), Öl- oder Marmorierfarben, festes Papier (Packpapier, Makulaturpapier), Kleister für den Grund, Pinsel, Pipette für den Farbauftrag, Hilfsmittel zum Ziehen eines Musters (z. B. dünne Stöckchen, grobe Kämme, lange Nägel usw.)

Der angerührte Kleister wird in eine Schale geben, sodass diese ca. 3/4 gefüllt ist. 2–3 cm Farbe wird aus der Tube gedrückt und mit Terpentinöl verrührt, bis sie flüssig vom Pinsel rinnt. Mit dem Pinsel wird die Farbe auf den Kleister gekleckst, ggf. kann man mehrere Grundfarben auftropfen lassen. Mit den Hilfsmitteln werden die Farben vorsichtig ineinandergeschoben und Muster gezogen. Das Papier wird langsam und gleichmäßig abrollend auf den Kleister aufgelegt, dabei muss man aufpassen, dass keine Blasen entstehen; das Papier wird leicht angedrückt. Anschließend nimmt man das Papier vorsichtig hoch und lässt den überschüssigen Kleister ablaufen.

Zum Trocknen wird das Papier auf eine Zeitung oder einen Trockenstapler gelegt. Durch die Ölfarben dauert der Trocknungsprozss länger als z. B. bei Deckfarben. Das Papier kann später glatt gebügelt werden.
Für den nächsten Arbeitsgang wird die Kleisteroberfläche „gereinigt", indem man sie mit einem Zeitungspapier abzieht und von Farbresten befreit.

Decalcomanie

Material: Schreibmaschinenpapier, Borstenpinsel, Deckfarben, Naturschwamm, Glasplatte oder andere, nicht saugende, glatte Malunterlage (Wachstuch, Plastikfolie)
Mit dem Pinsel werden verschiedene Farbflächen auf die Glasplatte gemalt. Ein vorab mit dem Schwamm angefeuchtetes Blatt Papier wird vorsichtig daraufgelegt und mit einem Lappen leicht angedrückt. Das Blatt wird sorgfältig wieder abgezogen, dabei muss man zügig arbeiten, damit die trocknende Farbe das Papier nicht an der Platte festklebt. Es ergeben sich interessante Farbspiele.

Die Technik lässt sich mit unterschiedlichen Farben variieren, durch die Zugabe von mehr oder weniger Farbe bzw. Wasser und durch stellenweisen oder geschlossenen Farbauftrag auf der Platte. Zusätzliche Möglichkeiten ergeben sich durch die Art des Auflegens und Abziehens des Papiers. Es kann einfach aufgelegt, in unterschiedlicher Weise glattgestrichen (von der Mitte aus nach außen, nur eine Richtung oder einen Teil des Blattes bevorzugen) oder fest angepresst werden. Das Abziehen kann langsam oder schnell geschehen, es kann steil nach oben oder flach von der Platte weggezogen werden. Auch ein Richtungswechsel während des Abziehens ist möglich. Es lassen sich von einem Farbauftrag mehrere Abzüge machen. Man kann auch nach dem ersten Abzug die Platte weiterbearbeiten, bis ein befriedigendes Ergebnis erzielt wird.

Interessante Farbspiele entstehen, wenn die Unterlage nicht eben ist. Material, das Flüssigkeiten nicht aufsaugt, wie z. B. spezielles Papier, Plastikfolie oder ein dünnes Gummituch, wird geknüllt, geknittert oder gefaltet und danach eingefärbt bzw. mit Farbe oder Tusche übergossen. Auf diese unregelmäßige Oberfläche drückt man nun ein Blatt Papier und hebt es danach wieder ab.

Kapitel 2 | Malerei

Die Decalcomanie (frz. Abziehbild) wurde 1935 von Oscar Dominuez erfunden und von Max Ernst weitergeführt.

„Max Ernst hatte sich 1938 in St. Martin d'Ardeche in der Nähe von Avignon in Südfrankreich niedergelassen. Die naheliegenden Kalksteinhöhlen mit ihren zauberhaften Tropfsteinbildungen hat er als Anregungen seiner Bilder entdeckt. In den bizarren Stalagmiten und Stalagtiten (...) lieferte ihm die Natur freigiebig die Vorbilder, die er ersehnte und suchte, die die Fantasie veranlassen die wunderlichsten Dinge zu erkennen und in die Welt der mineralisch gewachsenen Formen hineinzusehen. Die hier angewandte Technik der Decalcomanie (...) diente abermals dazu, wie Max Ernst sagt, ‚Fundstücke ans Licht zu befördern'."

(Joachim Büchner, 1989, S. 13)

1. Tragen Sie Informationen zusammen über Leben und Werk des Künstlers Max Ernst.

2. Ernst gilt als einer der Hauptvertreter des Surrealismus. Versuchen Sie einen Zusammenhang herzustellen zwischen der gestalterischen Arbeit mit dem Zufall und dieser Kunstrichtung.

3. Legen Sie versteckte Figuren frei, indem sie eine von Ihnen angefertigte Decalcomanie malerisch weiterbearbeiten.

4. Fertigen Sie eine Collage an, indem Sie Details aus verschiedenen Decalcomanien ausschneiden und in einen neuen Zusammenhang bringen.

Max Ernst, Faszinierende Zypresse, 1940, Sprengel Museum, Hannover

Papierbatik

Material: Schreibmaschinenpapier, Deckfarben, Pinsel 8–12, weiße Kerzen

Batik ist ursprünglich ein indonesisches Verfahren zum Färben von Stoffen, wobei heißes flüssiges Wachs auf die Stellen aufgebracht wird, die nicht eingefärbt (d.h. reserviert) werden sollen. Diese Methode lässt sich auch bei der Gestaltung mit Deckfarben aufgreifen.

Mit einer Kerze wird ein Motiv auf ein weißes Blatt Papier gemalt, der Platz wird damit reserviert. Die Kerze sollte so dick sein, dass der Mensch mit Behinderung sie gut greifen kann und eine gewisse Stabilität gewährleistet ist, d.h. dass sie nicht sofort zerbricht. Bewährt haben sich dabei einfache Haushaltskerzen, die etwas gekürzt werden oder bereits ein Stück abgebrannt sein müssen. Das Reservieren mit Wachskerzen erfordert einen gewissen Kraftaufwand, sodass eventuell Hilfestellung notwendig wird. Das gesamte Blatt wird nach der Reservierung mit einer Farbe flüssig übermalt, die reservierten Stellen scheinen weiß durch.

Diese Technik lässt sich in verschiedenen Variationen durchführen. Man kann das Papier bereits vor dem Reservieren einfärben und danach eine zweite Farbschicht darüber setzten. Das lässt sich beliebig oft wiederholen, wobei es wichtig ist, dass man von der hellen zur dunklen Farbe arbeitet, denn einmal dunkel gefärbte Flächen lassen sich nicht mit hellen Farben übermalen.

Bei Menschen mit handmotorischen Problemen kann man die Kerzen in zu Kugeln geformte, handgerechte Knetmasse stecken. Menschen mit Behinderung, die nicht genügend Kraft besitzen, mit der Kerze zu malen, können diese Technik auch mit Wachstropfen durchführen. Dabei wird die Kerze angezündet, und man reserviert das Papier durch tropfendes Wachs. Bei dieser Variante ist Vorsicht geboten, damit man sich nicht verbrennt. Um zu verhindern, dass heißes Wachs auf die Hände des Malenden fällt, ist es sinnvoll, die Kerze mit einer Manschette zu versehen.

Ist das Papierbatikbild gestaltet, bügelt man schließlich mithilfe eines Löschblattes, eines Küchentuches oder einer Tageszeitung auf einer Unterlage (z. B. einer alten Zeitung) den Wachsauftrag ab. Die Stellen, die in den einzelnen Gestaltungsphasen reserviert wurden, scheinen jetzt in verschiedenen Farben durch und bilden reizvolle Kontraste zum dunkleren Hintergrund.

Absprengtechnik

Material: dickes Papier, Deckweiß, Pinsel, Skriptol oder Tusche
Mit einem Pinsel oder direkt mit der Tube eine dicke Deckweißzeichnung auf ein weißes Blatt Papier bringen. Nach dem Trocknen das gesamte Blatt mit schwarzer Tusche überziehen. Ist auch die Tusche getrocknet, wird das Papier mit Wasser abgebraust. Die schwarze Tusche platzt über den weißen Linien auf. Dort, wo das Deckweiß nicht oder kaum das Papier bedeckt, kann es dunkle Tusche aufnehmen. Es entsteht ein Bild mit reizvollen Hell-Dunkel-Kontrasten.

Die Absprengtechnik wird bevorzugt mit Deckweiß ausgeführt, aber auch bunte Deckfarben eignen sich gut. Alternativ zum Abbrausen des Blattes kann das mit Tusche überzogene Papier auch in eine mit Wasser gefüllte Wanne gelegt und die auf der Deckfarbe aufliegende, vom Papier nicht aufgenommene Tusche vorsichtig mit der Hand abgewaschen werden.

Aquarellmalerei

Kunsthaus Kannen, Münster

Material: Aquarellfarben (Grundfarben), Haarpinsel 8–12, großformatiges Aquarellpapier, Naturschwamm
Um auf einem Papier malen zu können, das fest gespannt ist und sich nach dem Anfeuchten weder wellt noch verzieht, streicht man das Papier auf beiden Seiten mit Wasser ein und befestigt es auf einem Holzbrett, indem man es glattzieht und rundherum mit Kreppband fixiert.

Für das Malen mit Aquarellfarben gilt:
- Farben werden durch Hinzufügen von Wasser aufgehellt, durch Hinzufügen von Farbe abgedunkelt.
- weiße Stellen werden durch Aussparen des Hintergrundes erreicht.
- man beginnt mit der helleren Farbe und arbeitet zur dunkleren hin. Eine dunklere Farbe lässt sich nicht mit einer helleren übermalen, weil Aquarellfarben transparent und nicht deckend sind.

Man unterscheidet bei der Aquarellmalerei zwei grundlegende Techniken
- Lasieren
  Stark verdünnte Farbe wird gleichmäßig auf das trockene Papier aufgetragen, es entstehen homogene Flächen und scharfe Konturen. Mehrere Farbflächen können übereinander gelagert werden, wobei die jeweils unten liegende Schicht durchschimmert. Die erste Farbschicht muss immer vollkommen trocken sein, ehe eine weitere aufgetragen wird.
- Lavieren
  Die Farbe wird auf das vorher angefeuchtete Papier gesetzt. Es entstehen weiche Verläufe, Gegenstände sind unscharf und fließend begrenzt.

Im Rahmen der Aquarellmalerei lassen sich zahlreiche Experimente durchführen, z. B. beeinflusst Seifenschaum die Farbstruktur je nach Wasseranteil, Salz und Sand haben die Eigenschaft, die Farbpigmente sternchenförmig zu verdrängen.

> **Anregung**
>
> Im Werk Emil Noldes finden sich eine Reihe von Blumenaquarellen, mit denen er nicht die konkrete Wiedergabe der wahrgenommenen Farbklänge anstrebte, sondern – wie er sagte – eher ‚die geistige Umwertung der Natur'

Emil Nolde, „Dunkle Dahlien", 1923, Nolde Stiftung Seebüll

Aufgabe

1. Wie gelingt es Nolde, seinem Werk eine derartige Leuchtkraft zu verleihen?

2. Sammeln Sie Informationen über Leben und Werk des Künstlers.

3. Nolde erhielt im Nationalsozialismus als sog. entarteter Künstler nach 1941 Malverbot. Erläutern Sie den Begriff ‚Entartete Kunst' und stellen Sie im Klassenverband Werke ehemals diffamierter Künstler vor.

4. Sehen Sie einen Zusammenhang mit der damaligen Position gegenüber Menschen mit Behinderung?

5. In welchem Rahmen könnte Kunstgeschichte Menschen mit Behinderung zugänglich gemacht werden? Diskutieren Sie Möglichkeiten und Grenzen und planen Sie entsprechende Angebote. Unterscheiden Sie nach Zielgruppen, etwa Kinder, interessierte Jugendliche, geistig behinderte Erwachsene, dementiell erkrankte Menschen …

6. Experimentieren Sie mit Aquarellfarben, indem Sie unterschiedliche technische Verfahren ausprobieren. Welche Möglichkeiten und Grenzen für die gestalterische Arbeit mit Menschen mit Behinderung können Sie feststellen?

Seidenmalerei

Material: Seide, Seidenmalfarben (Grundfarben), Pinsel unterschiedlicher Stärke, kleine Näpfchen zum Mischen der Farben, Haushaltspapier zum Abtupfen überschüssiger Farbe, Seidenmalrahmen, Nadeln zum Aufspannen der Seide, Konturmittel
Die Seide wird gleichmäßig auf den Rahmen gespannt. Mit einem Pinsel nimmt man Farbe auf und bringt Linien, Tupfen, Punkte und andere Muster auf die Seide. Die einzelnen Farben verlaufen ineinander wie beim Aquarell und treten auf dem Untergrund intensiv und kontrastreich in Erscheinung.

Es lassen sich ebenfalls verschiedene Experimente mit Wasser, Alkohol oder Salz durchführen, die zu verblüffenden Ergebnissen führen. Darüber hinaus lässt sich die Seide auch innerhalb genau abgegrenzter Felder färben. Klebstofflösungen auf Kautschukbasis, die im Handel als Konturmittel oder Gutta erhältlich sind, grenzen das Auslaufen der Farben ab und können mithilfe eines Plastikfläschchens mit Kanüle aufgetragen werden. Da diese Arbeiten ein feinmotorisches Geschick erfordern, eignet sich für die meisten Menschen mit Behinderung eher das großflächige ‚freie' Seidenmalen.

Nach einer Trockenzeit von ca. zwölf Stunden muss die bemalte Seide fixiert werden. Je nachdem, welche Farben verwendet werden, geschieht das durch vorsichtiges Bügeln oder unter heißem Wasserdampfdruck im Schnellkochtopf. Genauere Angaben dazu finden sich auf den Beipackzetteln der Seidenmalfarben.

Praktische Umsetzung

Farbe auf der Haut

Auch am eigenen Körper lässt sich hervorragend mit Farbe gestalten und experimentieren. Das Schminken hat einen hohen kommunikativen Anteil und kann darüber hinaus einen intensiven Reiz für die taktile Wahrnehmung darstellen. Das Bemalen von Gesicht, Händen, Armen kann als eine Art somatische Anregung verstanden werden, die Berührung der Haut kann emotional anregend und stabilisierend wirken.

Wichtig ist, dass für das Anmalen des Körpers Farben verwendet werden, die sich leicht abwaschen lassen und die Haut nicht reizen. Als Naturfarbstoff lässt sich z. B. Safran verwenden. Angemischt mit Wasser sind schon kleine Mengen sehr ergiebig. Safran färbt intensiv und lässt sich leicht abwaschen.

Naturfarben selbst herstellen

Es gibt eine Reihe von Möglichkeiten, aus natürlichen Ausgangsstoffen Farben selbst herzustellen, deren Vorteil für das gestalterische Arbeiten mit Menschen mit Behinderung darin liegt, dass Naturfarben in der Regel ungiftig sind, also auch für Malende mit einer starken Fixierung auf den Mundbereich geeignet sind. Darüber hinaus ermöglicht die Herstellung von Naturfarben auch eine besondere Art der Naturerfahrung, womit deutlich wird, dass es bei diesem gestalterischen Angebot nicht nur um den Malprozess, sondern auch um die „Vorarbeit" gehen muss. Es lassen sich gedämpfte, zarte, natürliche Farbtöne herstellen, Farbmischungen sind bedingt möglich. Aufgrund ihrer organischen Herkunft sind Naturfarben nicht so lange haltbar.

Naturfarben lassen sich aus verschiedenen Teilen von Gewächsen (z. B. Blätter, Zweige, Wurzeln, Schalen) herstellen. Man kocht aus den zerkleinerten Pflanzenteilen Tees und verwendet den verdickten Absud zum Malen. Darüber hinaus begegnen uns im Alltag eine Reihe von Naturfarben, deren Färbekraft ausreicht, um Bilder auf Papier zu malen (Rotwein, Kaffee, Blaubeeren, Kirschsaft, Sud von Rotkohl und Roten Beeten, Spinat, Möhrensaft usw.).

Farben lassen sich auch aus unterschiedlichen Erden herstellen, die in Verbindung mit Tapetenkleister und Wasser wie Fingerfarben verwendet werden können. Es gibt zahlreiche Abstufungen von der schwarzen Blumenerde über grünliche Erden bis hin zu orangefarbigem Bausand oder weißem Vogelsand.

> **Aufgabe**
>
> 1. Stellen Sie Erdfarben in verschiedenen Farbnuancen her. Zerkleinern Sie die Farbpigmente, indem Sie die Erde mit einer Küchenreibe zu Pulver reiben. Rühren Sie Tapetenkleister an und füllen Sie im Verhältnis 1:1 Farbpigmente und Bindemittel (Erde und Kleister) in ein Gefäß. Verrühren Sie die Materialien zu einer geschmeidigen Fingerfarbe. Experimentieren Sie mit den verschiedenen Erdfarben, verwenden Sie unterschiedliche Malgründe und vergleichen Sie das Verhalten der Farben bezüglich Aussehen, Konsistenz, Deckfähigkeit und Mischfähigkeit. Notieren Sie Ihre Beobachtungen.

Kapitel 2 | Malerei

2. *Sie wollen in einer Ihnen bekannten Einrichtung der Behindertenhilfe mit Naturfarben arbeiten. Entwerfen Sie einen Plan, wie Sie in einzelnen Schritten dieses Vorhaben realisieren können. Arbeiten Sie in Partnerarbeit und stellen Sie die Ergebnisse der Klasse vor.*

3. *Welche bekannten MalerInnen kennen Sie, und was wissen Sie über unterschiedliche Kunststile? Bilden Sie Gruppen zu großen Stilepochen (z. B. Expressionismus, Impressionismus, Surrealismus usw.) und sammeln Sie Informationen. Tragen Sie Ihre Ergebnisse der Klasse vor.*

4. *In welchem Rahmen könnte Kunstgeschichte Menschen mit Behinderung zugänglich gemacht werden? Diskutieren Sie Möglichkeiten und Grenzen und planen Sie entsprechende Angebote. Unterscheiden Sie nach Zielgruppen, etwa Kinder, interessierte Jugendliche, geistig behinderte Erwachsene, dementiell erkrankte Menschen usw.*

Heinz Buß und Georg Theunissen zur Bedeutung aktionsartiger Tätigkeiten im Bereich von Kunst und Kultur:
„Unter Aktionskunst verbergen sich viele Initiativen, Konzepte, Vorstellungen oder Begriffe, die in der Kunst- und Kulturszene der 50er- und 60er-Jahre hoch aktuell waren. Dies gilt z. B. für J. Pollock's Actionpainting, für C. Oldenburg's oder A. Kaprow's Happening, für Christo's Verpackungsaktionen u. a. m.

Happening-Inszenator (Künstler) und Publikum werden gleichgesetzt. Das Kunstgeschehen wird an vorgefundene Situationen des alltäglichen Lebens angeglichen. Es wird auf eine inhaltliche Belehrung verzichtet. Es geschieht eine Aufrüttelung des Bewusstseins aus der Lethargie gewohnter Verhaltens- und Denkmechanismen durch eine Sensibilisierung der Erlebnisfähigkeit. Eine bewusste Ausnutzung des Reizmechanismus (der durch Einschaltung des Überraschungseffektes während der Konfrontation mit bestimmten Aktionsprozessen ausgelöst wird) bestimmt das kreative Moment. Dabei ist entscheidend, wie, wo und unter welchen Bedingungen die Aktion für die Akteure (Publikum) inszeniert wird."
(Buß/Theunissen, 1997, S. 146 ff.)

Die beiden Autoren stellen verschiedene aktionsorientierte Arbeitsformen in der Schule für Geistigbehinderte vor. An folgendem Erfahrungsbericht wird das Charakteristische von Aktionen sowie ihre pädagogisch-therapeutische Relevanz deutlich:

Körperbemalung
„*Ort: Matschraum der Schule*
Zeit: 45 Minuten
Material: Fingerfarben aus Tuben und Wasser

Ziel: Zwei Jungen, J., 11 Jahre, und G., 13 Jahre, gemeinsam etwas tun lassen, ohne dass sie sich dabei sofort anschimpfen oder schlagen (Abbau von Aggressionen).

Es kam häuflger vor, bis zu dreimal in der Woche, dass J. morgens, gleich nach Ankunft des Schulbusses, wütend in die Klasse kam, gegen Heizkörper trat und mit Vulgärausdrücken um sich warf. G., der neben J. saß, bereitete es Vergnügen, J.'s Wut durch Hänseleien soweit zu steigern, bis J. nichts mehr stoppen konnte und er sich schließlich durch Weglaufen „von sich selbst" befreite.
Erhielt J. Versagungen in der Form, dass er von den Kindern daran gehindert wurde, Stühle umzuwerfen oder mit Gegenständen zu werfen, kam es vor, dass er aus dem Fenster (ca. 90 cm hoch) sprang oder Türen schlagend die Klasse verließ, um wütend in der Schule umherzulaufen. J. stellte sich als Einzelgänger dar, der sich bemühte, von G. und anderen akzeptiert zu werden.
Bei einer Frühstückspause in der Klasse ergab es sich, dass J. und G. im verschütteten Kakao herumpatschten. Diesen Vorfall nahmen wir als Anlass, beiden anzubieten, in den Matschraum zu gehen. Sie willigten erfreut ein. J. und G. wollten auch F. (ein neunjähriges Kind der Vorstufe mit Down-Syndrom) mit in den Matschraum nehmen. F.'s Lehrer war damit einverstanden.
Beide Jungen zeigten keine Hemmungen, mit der zähflüssigen Farbe umzugehen. (Im Gegensatz zu G. begann J. zaghaft, indem er mit einem Finger auf seinem Bauch malte.) Beide Jungen bemalten mit Be-

geisterung ihren Körper und legten sich in die Farbpfützen. F. war dieser Umgang sichtlich unangenehm. Alle Versuche von G., F. in die Aktion mit einzubeziehen, scheiterten. F. wehrte das Bemalen seines Körpers ab.
J. und G. kamen 45 Minuten ohne Streit aus. Nach der Aktion waren sie ruhig und verträglich. Das hielt nicht nur bis zum Schulschluss (knapp 4 Stunden) an, sondern ein paar Tage."
(Buß/Theunissen, 1997, S. 150)

Aufgabe

1. Finden Sie Beispiele für Aktionskunst und stellen Sie im Plenum unterschiedliche Happenings bekannter KünstlerInnen vor. Welche Zielsetzungen haben diese Aktionen?

2. Analysieren Sie das oben skizzierte Beispiel anhand der Kriterien
   - Ausgangssituation,
   - pädagogisch-therapeutische Maßnahmen,
   - Wirkung.
   Wie erklären Sie sich die Veränderung in J.'s Verhalten?

3. Sind Sie im Rahmen eines Praktikums schon mit vergleichbaren Situationen konfrontiert worden? Schildern Sie Ihre Erfahrungen und erwägen Sie eine kreative Aktion als pädagogisch-therapeutische Maßnahme.

2.2.4 Gestalten mit Malkreiden

Malkreiden lassen sich grafisch wie malerisch verwenden und sind deshalb ebenso unter der Kategorie grafische Gestaltungsmittel erfassbar wie unter Malmittel. Neben den Pastellkreiden lassen sich vor allem Wachsmalkreiden in der gestalterischen Arbeit mit Menschen mit Behinderung vielfältig und sinnvoll einsetzen.

Wachsmalkreiden lassen sich gut auf allen trockenen, leicht rauen Untergründen auftragen (Papier, Holz, Stoff, Leder, Ton, Gips). Da die Stifte und Malblöcke recht grob sind, eignen sie sich besonders zum flächigmalerischen Gestalten.
Helle Wachsmalkreiden sind härter als dunkle, weil sie weniger Wachs enthalten. Die Härte verhindert, dass sie auf dem Papier haften. Deshalb sind helle Stifte transparenter als dunkle. Es gilt die Malregel: Hell auf Dunkel mischt, Dunkel auf Hell deckt.

Malen mit Kreidestiften ist eine feinmotorische Fertigkeit. Wenn die Kreidestifte öfter abbrechen, sollte man Malenden mit feinmotorischen Einschränkungen Wachsmalblöcke oder Wachsmalbirnen anbieten. Beim Lagern von Wachsfarbenbildern können Papiere als Zwischenlagen eingelegt werden, damit die Bilder nicht verkleben und verwischen. Neben dem freien Gestalten mit Wachsmalkreiden gibt es eine Reihe von Techniken, die speziell mit diesem Material durchführbar sind.

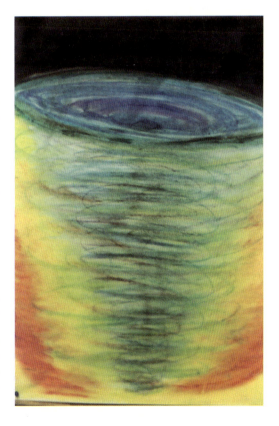

Frottage

Material: Wachsmalkreiden, Schreibmaschinenpapier, Pappe bzw. Material zum Durchreiben

Mit Schablonen oder Fäden gelegte Figuren bzw. verschiedene Materialien mit strukturierter Oberfläche können durch Abreiben mit Wachsmalkreiden auf einem darüber gelegten Papier in Erscheinung gebracht werden. Damit die untergelegten Gegenstände nicht verrutschen, kann man sie auch auf einem Stück Pappe fixieren. Das Kreidestück muss beim Abreiben flach gehalten werden. Von der Dauer und Stärke des Druckes hängt ab, wie deutlich die Formen erscheinen und wie stark die nicht erhabenen Bereiche mit eingefärbt werden.

Der Vorgang des Frottierens (Abreiben) lässt sich mehrfach wiederholen. Werden die Texturen nicht zu kräftig durchgerieben, können bereits gestaltete Partien des Papiers durch weitere Frottagen überlagert werden. Durch Verschieben des Papiers lässt sich ein Motiv gruppenweise zur Anwendung bringen.

Wachs radieren

Material: Schreibmaschinenpapier, Wachsmalkreiden, Radiergummi

Mit fettem Farbauftrag wird ein Motiv zu Papier gebracht. Die Wachsfarbe wird dann mittels eines Radiergummis von innen nach außen gerieben, sodass interessante Farbspiele entstehen.

Sgraffito (ital. graffiare = kratzen)

Material: Wachsmalkreiden, Zeichenpapier, Kratzwerkzeuge wie Pinselstiel, Nagel oder Spachtel

Man malt mit fettem Farbauftrag ein Blatt Papier kunterbunt und möglichst flächendeckend an. Vorzugsweise sollte man hellere Farben verwenden, damit die Kontraste besser zum Ausdruck kommen. Anschließend wird das Wachsbild mit schwarzer Tusche oder schwarzer Dispersionsfarbe übermalt. Man kann das Übermalen auch mit schwarzer Wachsmalkreide durchführen. Erfahrungsgemäß bereitet es vielen Menschen mit Behinderung jedoch Schwierigkeiten, mittels Wachsmalkreiden eine so deckende Wirkung zu erzielen. Nach dem Trocknen zeichnet bzw. kratzt man nun Motive in die schwarze Fläche und legt damit die darunter liegenden Farbschichten frei.

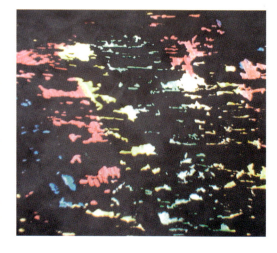

Für Menschen mit feinmotorischen Einschränkungen ist es empfehlenswert, alternative Werkzeuge, z. B. einen Spachtel, zum Abkratzen der Farbe zu verwenden.

Praktische Umsetzung

Enkaustik

Material: Wachsmalkreide, Transparentpapier bzw. Butterbrotpapier, Bügeleisen, Zeitungen, Klebeband
Enkaustik bedeutet Auflösen und Einschmelzen von Wachsmalkreiden mithilfe von Wärme.

Das Transparentpapier soll mit Wachsmalkreide zunächst satt eingefärbt werden. Damit das Papier dabei nicht reißt, kann es unter Spannung aufgeklebt werden. Nun das Papier zusammenklappen und auf die Zeitung legen, mit dem Bügeleisen mehrfach darüber fahren. Das Wachs schmilzt auf und fließt aquarellartig ineinander. Das Blatt muss nun rasch wieder auseinander geklappt werden, bevor die Wachsfarben erkalten. Es haben sich interessante Strukturen und Farbspiele gebildet. Durch gezielte Führung des Bügeleisens beim Bügelvorgang kann das Bild weiter ausgestaltet werde, z. B. durch punktuelles Aufdrücken oder halbkreisförmiges Schwingen mit dem vorderen Teil des Bügeleisens.

Aufgabe

1. Zuckerkreiden lassen sich selbst herstellen und bestehen aus Tafel- bzw. Straßenmalkreide und einer Zuckerbeigabe als Bindemittel. Bunte Tafelkreiden werden in kleine Stücke gebrochen und ca. 30 Minuten in Zuckerwasser eingelegt (eine Tasse Wasser mit 3 Esslöffeln Zucker). Der Zucker bindet den Kreideauftrag und macht ihn wischfest. Er intensiviert die Farbwirkung der Kreiden und erweitert ihre Gestaltungsmöglichkeiten durch den Nass-Auftrag.
   - Malen Sie mit den Zuckerkreiden auf unterschiedlichem Untergrund (z. B. Papier, Holz, Pappe, Kunststoff, Stoff). Testen Sie helle und dunkle Untergründe.
   - Beschreiben Sie Ihre Empfindungen. Wie fühlt sich Zuckerkreide an, wie lässt sie sich vermalen?
   - Welche Veränderung stellen Sie nach dem Trocknen fest?
   - Lassen sich diese Kreiden sinnvoll in der gestalterischen Arbeit mit Menschen mit Behinderung einsetzen? Begründen Sie.

2. Fertigen Sie eine Collage aus verschiedenen Frottagen an. Machen Sie sich Notizen zum Entstehungsprozess und stellen Sie ihre Ergebnisse der Klasse vor.

3. Planen Sie eine Aktivität mit Wachsmalkreiden in einer Ihnen bekannten heilerzieherischen/heilpädagogischen Einrichtung. Worauf müssen Sie achten?

Anregung

Technische Hilfsmittel können den kreativen Akt fördern, unterstützen und bekräftigen.
Herr M. sitzt im Rollstuhl. Er kann nur seine linke Hand bewegen (Halbseitenlähmung) und seine Sehfähigkeit ist erheblich eingeschränkt. Durch ein technisches Hilfsmittel soll Herr M. in die Lage versetzt werden, mittels Frottage kreative Karten zu gestalten.
Auf einer Grundplatte (30 cm x 30 cm, 2 cm dick) befindet sich eine gleichgroße Deckplatte. Sie ist durch ein Scharnier zum Aufklappen mit der Grundplatte verbunden. In der Deckplatte befindet sich eine 10 cm x 14 cm große Öffnung, in die eine auswechselbare Matrize eingelegt wird. Die Deckplatte wird aufgeklappt und ein Stück dünnes Papier, das doppelt so groß sein muss, wird auf die Matrize gelegt. Dann wird die Deckplatte zugeklappt und das Papier wird fest über die Matrize gepresst. Mit einem Riegel wird die Deckplatte festgehalten.
Die Arbeitsunterlage mit dem Papier wird fest auf dem Arbeitstisch montiert. Herr M. kann nun mit einem handlich geformten Styroporklotz, an dessen Unterseite ein Wachsmalblock eingearbeitet ist, über die gespannte Papierfläche rubbeln und – je nach Matrize – verschiedene Motive frottieren. Er kann trotz seiner Sehbehinderung verschiedene Farben wählen, die er an der jeweiligen Form der Rubbelklötze erkennt.

Kapitel 2 | Malerei

> **Aufgabe**
> 1. Stellen Sie anhand des Beispiels die Bedeutung von Hilfsmitteln für kreatives Gestalten heraus. Welche technischen Hilfsmittel haben Sie im Rahmen Ihrer Praktika in Einrichtungen der Behindertenhilfe kennengelernt?
>
> 2. Entwerfen Sie weitere Hilfsmittel für das kreative Gestalten mit grafischen Mitteln. Fertigen Sie einen Prototypen an und stellen Sie Ihre Ergebnisse im Klassenverband vor.

2.2.5 Malen als therapeutisches Mittel

> **Tipp**
> Kunsttherapie geht davon aus, dass der gestalterische Ausdruck ein Grundbedürfnis des Menschen ist. Nicht nur sein ästhetischer Sinn wird damit befriedigt. Im kreativen Prozess werden auch Kräfte freigesetzt, die im Gestaltenden Energien in der Weise verlagern können, dass sich Blockaden lösen, Einsichten gewonnen und Neustrukturierungen angebahnt werden. Der Gestaltende drückt sich in seinen Werken unbewusst mit seinen Fragen und Problemen, auch mit seinem Potenzial und seinen Lösungsmöglichkeiten aus.

„Das Wort Therapie stammt vom griechischen ‚therapeia' ab, was ‚Sorge für jemanden' und ‚Dienst an jemandem' bedeutet. Therapie meint also nicht in erster Linie die Heilung von einer Krankheit, schon gar nicht von einer Behinderung (die ja gar keine Krankheit ist). Der Begriff Therapie darf nicht auf die medizinische Behandlung eingeengt werden, sondern sollte als Technik der Persönlichkeitsentfaltung verstanden werden und einen Prozess der psychischen Erweiterung und Veränderung des Individuums bezeichnen." **(Aissen-Crewett, 1996, S. 12)**

Das Material ist vielfältig und fast unerschöpflich. Gestalterischer Umgang mit Farbe kann damit für Menschen mit Behinderung nicht nur Ausdruck ihrer Persönlichkeit sein, sondern zu einem wichtigen therapeutischen Mittel werden. Es kann die Ausdrucksmöglichkeit und Kommunikationsbasis erweitern, die Erlebnisverarbeitung unterstützen, psychisch und physisch lockern und straffen und das Selbstbewusstsein stärken.

Von den vielen unterschiedlichen Verfahren sollen hier nur einige vorgestellt werden, die in der gestalterischen Arbeit mit Menschen mit Behinderung zur Anwendung gebracht werden könnten.

Freies Malen

Freies Malen kann helfen, dass sich Erfahrungen und Erlebnisse aus dem Unterbewusstsein lösen und der Malende sich durch das Mittel des spontanen Ausdrucks befreit. Malen erlaubt leichter als Sprechen einen direkten Ausdruck von Träumen, Fantasien, Ängsten und anderen inneren und äußeren Erfahrungen, die eher als Bilder denn als Worte auftauchen.

Kunsthaus Kannen, Münster

Praktische Umsetzung

Geleitete Fantasien

Durch Impulse, z. B. durch sogenannte Fantasiereisen, kann ein äußerer Rahmen gesteckt werden, den der Malende mit seinem eigenen Inhalt füllt. Einerseits vermag diese Übung die Vorstellungskraft anzuregen, andererseits kann durch das Sichtbarwerden von Fantasien leichter über tiefer liegende Empfindungen und Erlebnisse gesprochen bzw. mit ihnen weitergearbeitet werden.

Die im nachstehenden Beispiel gegebenen Stichworte muss der Erzähler in einer eigenen intensiven, bildhaften Geschichte verarbeiten:
„Szene auf dem Land ... Berge ... Du kletterst hinauf ... Du siehst unterwegs, riechst und fühlst Blumen usw. ... Du kommst auf dem Gipfel an ... Du überblickst die Landschaft ... Du siehst ... Du triffst eine bestimmte Person ... Wen? ... Du unterhältst dich mit ihr ... Worüber?"

> „Der Ablauf ist in Grundzügen der Folgende: Zunächst entspannt sich der Teilnehmer. Sodann erzählt der Betreuende eine Geschichte oder beschreibt eine Szene, wobei er sich auf solche Details konzentriert, die Erinnerungen zurückholen oder Gefühle hervorrufen. Nach der Rückkehr von dieser Reise malt jeder ein Bild von dem, was er gesehen und gefühlt hat." **(Aissen-Crewett, 1997, S. 75)**

Malen als Meditation

Im Rahmen einer Entspannungsübung soll sich der Malende auf seine Sinnesempfindungen konzentrieren und Bilder, die sich dabei formen, wiedergeben. Als Orientierungsmittel kann dabei ein Mandala dienen. Mandalas stellen zentrierte, ausbalancierte Formgefüge dar, deren beruhigende und ordnende Kraft man gezielt bei unruhigen und ängstlich-angespannten Menschen nutzen kann. Die Meditation dient dazu, sich des Zentrums des Mandalas bewusst zu werden und vermag darüber hinaus, in entspannter Weise die Feinmotorik, Wahrnehmung und Koordination zu trainieren.

> „Eine fortgeschrittene Aufgabenstellung ist (...) das gemeinsame Gestalten eines Mandalas als Gruppenarbeit. Dadurch wird das Zusammengehörigkeitsgefühl einer Gruppe gefördert, insbesondere auch dann, wenn in der Gruppe deutliche Spannungen und Polarisierungstendenzen zutage getreten sind."
> **(Keller, 2001, S. 109)**

Kontaktmalen

Bei dieser Gestaltungstechnik steht das gemeinsame Tun, die Annäherung an einen anderen Menschen oder eine Gruppe, im Mittelpunkt. Zwei oder mehrere Malende arbeiten an einem Bild.
So kann z. B. auf einer durchsichtigen Fläche (aufgespannte Plastikfolie) durch Blickkontakt und das Spüren des anderen durch Druck und Gegendruck eine nonverbale, über Farben und Formen definierte sinnliche Kommunikation angebahnt werden.

> **Anregung**
>
> Im Rahmen eines zweiwöchigen Kunstprojektes im Langzeitwohnbereich von ‚Haus Kannen' boten Studenten der Bildenden Künste Münster, Aufbaustudium Bildnerisches Gestalten und Therapie, chronisch psychisch Erkrankten bildnerische Auseinandersetzungen an:
>
> „In der sich über 2 Wochen erstreckenden Arbeit mit dem Bewohner des Hauses Klara begleiteten uns die vier Farben Orange, Blau, Braun und Grün. Für dieses gemeinsame Projekt suchte der Patient für sich Orange und Blau aus. Ich wählte Braun und Grün. Uns gegenüber sitzend malten wir jeder auf einem 70 x 100 cm

großen Blatt in seinen jeweiligen Farben. Dann tauschten wir die Bilder und legten auf das Bild des Anderen eine ebenso große durchsichtige Folie, um darauf – wiederum in den eigenen Farben – zu malen. In dieser Begegnung ergänzen sich die zwei Personen in ihrem künstlerischen Ausdruck, und die vier Farben treffen in beiden Kompositionen zusammen."
(Meschede, 2006, S. 13)

„Begegnung" (Papier, Folie, Farbe)

Messpainting

Die Bezeichnung „messpainting" stammt von W. Luthe, der die „Creativity Mobilisation Technique (CMT)" entwickelt hat, und heißt übersetzt „Durcheinandermalen". Die Grundidee dieser Methode liegt darin, durch eine vorgegebene Ordnung das spontane Malen zu befreien und damit Kreativität anzuregen.

Die Psychologin und Kunsttherapeutin Gertraud Schottenloher entwickelte dazu folgende Spielregeln:

„Es wird sehr schnell gemalt, etwa alle zwei Minuten hintereinander ein neues Bild, bis ca. 10–14 Bilder in einem Arbeitsgang entstanden sind. Das Zeitungspapier wird dabei zu mindestens 80 % bedeckt; es wird jeweils der ganze Bogen verwendet. Die Malbewegung kommt aus dem Schultergelenk, der ganze Arm ist einbezogen. Es wird die Grob-, nicht die Feinmotorik benutzt. Die freie, spontane Malbewegung hat Vorrang vor der Ästhetik. Die Bilder sollen nicht schön sein, sondern einen ungehemmten Bewegungsablauf widerspiegeln, der möglichst wenig kontrolliert wird. Der Maler soll beim Malen nicht auf das Produkt, sondern auf den Prozess konzentriert sein. Der Sinn dieser Regeln ist, Überlegen, Planen, Nachdenken, Analysieren und Kritisieren möglichst auszuschalten und einen mehr intuitiven, ganzheitlichen, unbewussten Malprozess zu ermöglichen." **(Schottenloher, 1995, S. 50)**

Bewegung malen

Die Grundformen der eigenen Bewegung, die häufig ganz unbewusst vollzogen werden, können durch Malen sichtbar gemacht werden und durch ihre Vergrößerung gleichzeitig zu einer Lockerung und Zentrierung führen.

Einerseits können ganz basale Bewegungsmuster erfasst und umgesetzt werden. Auch körperbehinderte Menschen und Rollstuhlfahrer können in einer Art Malgymnastik Bewegungen der Hände und Arme in Farbe umsetzen. Die Übung wirkt psychomotorisch auflockernd, entspannend oder auch sanft anregend.

Andererseits kann der ganze Körper aktiviert werden, auch der Raum, in dem gemalt wird, wird mit einbezogen. Dafür wird er großflächig mit Papier ausgelegt; idealerweise liegt auch auf dem Boden Papier. Verschiedene Bewegungsformen sollen im Nachhinein mit Farben bildhaft umgesetzt werden. Durch den Einsatz von Fingerfarben können die Bewegungen am unmittelbarsten in Farbspuren umgesetzt werden.

Praktische Umsetzung

Klangbilder

Beim Hören eines Musikstücks entstehen in uns spontan Gefühle und Bilder, die über das Medium der Farbe sehr direkt umgesetzt werden können. Zunächst lässt sich Musik therapeutisch gut zur Förderung des rechtshemisphärischen bildnerischen Denkens nutzen. Als leise, „neutrale" Hintergrundmusik können meditative Klänge (z. B. Naturgeräusche wie Vogelzwitschern, Meeresrauschen usw.) Menschen bei unterschiedlichsten Aktivitäten und Aufgabenstellungen helfen, sich zu entspannen und zu öffnen.

Darüber hinaus kann der Malende eine als besonders ausdrucksstark erlebte Musik bewusst anhören und durch den Einsatz von Farbe im Bild umsetzen. Diese Übung fördert ein differenziertes Farberleben und entwickelt zugleich einen freien kinästhetisch erlebten Malduktus (Malduktus = Art, wie der Pinsel auf dem Blatt bewegt wird, also die charakteristische Art der Linienführung). Das Malen nach Musik lässt sich in Zusammenhang bringen mit dem Bewegungsmalen.

Aufgabe

1. *Entwickeln Sie Situationen, die den Einsatz von kunsttherapeutischen Malverfahren in Einrichtungen der Behindertenhilfe rechtfertigen bzw. begründen. Stellen Sie auch mögliche Grenzen solcher Aktivitäten heraus.*

2. *Bilden Sie Paare. Die eine Person führt die andere, deren Augen geschlossen sind, umher und lässt sie Strukturen berühren, z. B. Mauern, Baumrinden, Schilder usw. Versuchen Sie, diese Erfahrungen zu malen. Anschließend versuchen Sie, Ihre Gefühle beim Tasten und beim Malen zu beschreiben.*

3. *Wählen Sie ein bestimmtes Lebensthema (z. B. Hochzeit, Familie, Autorität, Freiheit, Entwicklung, Leben, Tod, die Gruppe, Kommunikation, Probleme, Leben, Licht) und malen Sie ein Bild dazu. Stellen Sie die Ergebnisse der Klasse vor.*

4. *Teilen Sie die Klasse in Gruppen auf. Jede Gruppe soll eines von den Urelementen Luft, Erde, Feuer und Wasser darstellen. Finden Sie zunächst Assoziationen (z. B. Luft = Wind, Sturm, Wolke, Himmel, Atem usw.). Diskutieren Sie die einzelnen Gestaltungs- und Interpretationsmöglichkeiten.*

5. *Welche Ziele sind mit der vorgestellten Aktivität verbunden?*

6. *Versuchen Sie mittels eines ungegenständlichen Bildes durch den gezielten Einsatz von Farben und Formen Gegensatzpaare wie schwach/stark, lebhaft/ruhig, hart/weich, wild/zart darzustellen. Arbeiten Sie paarweise, d. h. einigen Sie sich darauf, wer welches Adjektiv im gemeinsamen Bild darstellt, und versuchen Sie schließlich beide gemeinsam (möglichst schweigend) einen harmonischen Übergang zwischen den Gegensätzen zu gestalten.*

Anregung

Andreas Lichtenberg arbeitet als Kunsttherapeut in einem Rehabilitationszentrum für Schwerst- und Mehrfachbehinderte.
Beschreibung einer Stunde im Matschraum:
„Yalcin ist 14 Jahre alt und hat eine infantile Cerebralparese (Bewegungsstörung, geistige Retardierung) sowie eine spastische Tetraplegie. Yalcin robbt meist im Fersensitz und ist sehr mundfixiert (orale Entwicklungsphase). (…)
Eine große Bahn Makulaturpapier wird auf den Boden gelegt. Verschiedene Pulver- und Fingerfarben stehen in der Spüle, für Yalcin nicht erreichbar. In einer entfernten Ecke steht ein Kassettenrekorder mit Meditationsmusik. Es handelt sich um eine klar strukturierte Musik, die die Atmosphäre, die diesen Raum im Laufe der Stunde erfüllt, unterstreicht. (…)
Yalcin wird in dieser Umgebung auf das Papier, bis auf die Windeln ausgezogen, gesetzt. Dann wird die Musik eingeschaltet. Ich bewege mich nach der Musik und streue Pulverfarben über Yalcins Hände und Oberschenkel, reibe damit seine Brust ein. Auch die umher liegenden Gegenstände bestreue ich. In rascher Folge wechseln die Farben, wobei ich auf starke Kontraste achte. Da bisher jede Feuchtigkeit fehlte, ist der Anreiz für Yalcin nicht so groß, alles mit dem Mund zu erfahren. So nimmt er seine Hände, um die Farbe

Kapitel 2 | Malerei

zu verstreichen und damit zu mischen bzw. zu verändern. Die Hände haben nun unterschiedliche Farben und werden ihm so bewusster. (…)
Fingerfarben, die Yalcin von meiner Handfläche nimmt, werden verstrichen oder in den Mund genommen, er verstreicht die Farben auch auf der Wand, sodass diese in die Aktion miteinbezogen wird. Durch die Zugabe von Kleister entsteht ein farbiger Brei, in dem Yalcin sitzt und den er verändern kann."
(Lichtenberg, 1991, S. 294)

1. *Welche Ziele lassen sich Ihrer Meinung nach für diese Therapiestunde formulieren?*

2. *Versuchen Sie, die Begriffe Fördermaßnahme und Kunsttherapie voneinander abzugrenzen. Wo sehen Sie Gemeinsamkeiten, welche Unterschiede werden deutlich?*

3. *Haben Sie im Rahmen Ihrer Arbeit mit Menschen mit Behinderung ähnliche Aktivitäten kennengelernt? Tauschen Sie im Klassenverband Ihre Erfahrungen aus.*

Franz Marc, Ruhende Pferde, Farbholzschnitt, um 1911/12, Staatliches Kupferstichkabinett, Dresden

3 Grafik

- *In welchem Zusammenhang spielen Ergebnisse von Druckprozessen in Ihrem Alltag eine Rolle? Wo hinterlassen Sie Druckspuren?*

- *Welche Drucktechniken kennen Sie? Welche haben Sie bereits selbst ausprobiert bzw. durchgeführt? Welche Materialien und Werkzeuge haben Sie dabei verwendet? Tauschen Sie sich über Ihre bisherigen Erfahrungen aus.*

- *Drucken bedeutet Vervielfältigen. Welche Anlässe für den Einsatz einer solchen Gestaltungsmöglichkeit in behindertenpädagogischen Einrichtungen können Sie sich vorstellen?*

Kapitel 3 | Grafik

> **Tipp**
>
> *Grafik (griech. Graphein = ritzen, schreiben): Sammelbezeichnung für Werke, denen eine zeichnerische Gestaltung zugrunde liegt. Sie umfasst zum einen die Mittel der freien künstlerischen Gestaltung (Zeichnung), zum anderen die Methoden der Vervielfältigung von Kunstwerken, die Reproduktionsgrafik (Drucken).*

3.1 Zeichnung

> **Aufgabe**
>
> 1. Stellen Sie im Klassenverband Situationen aus Ihrem Alltag zusammen, in denen Sie – bewusst oder unbewusst – zeichnerisch tätig werden. Welche Materialien benutzen Sie? Mit welcher Zielsetzung entstehen diese Zeichnungen?
>
> 2. Haben Sie als Kind gerne gezeichnet? Wie wurden ihre Darstellungen aufgenommen und kommentiert? Erinnern Sie sich, wie Sie sich gefühlt haben? Tauschen Sie im Klassenverband Erfahrungen aus.
>
> 3. Gestalten Sie ein Bild mit Schriftgrafik, indem Sie Ihren Namen zur Darstellung bringen. Verwenden Sie unterschiedliche grafische Mittel und wählen Sie verschiedene Schrifttypen. Beachten Sie auch die Bildaufteilung.

Materialien und Werkzeuge

Gestaltungsmittel wie Bleistift, Buntstift und Filzstift können sowohl grafisch als auch malerisch eingesetzt werden. Es ist darauf zu achten, dass Stifte guter Qualität verwendet werden. Für Blei- und Buntstifte bedeutet das, dass die Stifte nicht so schnell abbrechen. Bei Bleistiften sollten weiche Sorten (B-Sorten) verwendet werden, Buntstifte sollten einen farbsatten Aufstrich haben (gute Farbabgabe durch hohe Pigmentierung), der ohne großen Kraftaufwand erzielt werden kann.

Bleistifte und Buntstifte gibt es rund und eckig, mit Holzmantel oder als Mine. Es ist darauf zu achten, dass der Stift sicher in der Hand liegt und nicht rutscht. Dicke Stifte mit einem stumpfen Holzgriff lassen das eher zu, als dünne, lackierte. Die Griffel lassen sich mit Schaumstoff oder einem Tuch ‚stabilisieren'.

Filzstifte beeindrucken durch eine satte, meist grelle Farbkraft, die Farben lassen sich aber nicht mischen. Darüber hinaus ziehen sich die Spitzen bei kräftigerem Druck schnell in die Hülle zurück, sodass der Stift unbrauchbar wird. Für die gestalterische Arbeit mit Menschen mit Behinderung sind Filzstifte also nur bedingt einsetzbar. Auf jeden Fall sollte darauf geachtet werden, dass Filzstifte nicht zu feine Minen haben und – besonders für mundfixierte Menschen – auf Wasserbasis hergestellt sind.

Kohlestifte zählen zu den weichen Zeichengeräten. Es handelt sich um Holzstäbe, die unter fast völligem Luftentzug zu Holzkohle verkohlt werden. Kohlestifte eignen sich für eine breite Linienführung und flächiges Arbeiten. Kohlezeichnungen haften gut auf rauem Untergrund und lassen sich durch Verwischen weiter bearbeiten. Durch Besprühen mit Fixativ oder Haarspray können die Zeichnungen wischfest gemacht werden.

Auch Kreiden gehören zu den weichen Zeichenmitteln. Die gebräuchlichen Tafel- und Straßenkreiden sind mit Wasser abwaschbar und gesundheitlich unbedenklich. Sie lassen sich auch

Kunsthaus Kannen, Münster

in Außenbereichen spontan und unkompliziert zur Anwendung bringen und eignen sich ebenfalls für Menschen mit starker Mundfixierung. Neben den Künstlerkreiden (Pastellkreiden, Ölkreiden, Rötel) sind auch die Wachsmalkreiden für die gestalterische Arbeit mit Menschen mit Behinderung empfehlenswert.

In der Regel wird zum Zeichnen Papier als Untergrund verwendet. Je nach Qualität des Papiers und Wahl des Zeichengerätes werden unterschiedliche Wirkungen erzielt. So intensivieren sich Blei- und Buntstiftstrich auf grober Papierstruktur, während der Filzstift auf glattem Papier zu besonderer Leuchtkraft gelangt. Neben den üblichen Zeichenpapieren und -kartonen lassen sich auch andere feste und formbare Materialien für das Sichtbarmachen grafischer Strukturen verwenden: Kreidestriche auf Steinen, Nagelrillen auf Gips- oder Tonkacheln, Astholzspuren im Sand usw.

Anregung

Zur Bildsprache des Kindes

Die Entwicklung der kindlichen Bildsprache erfolgt in einer eigenen Gesetzmäßigkeit. Die einzelnen Phasen verlaufen in unterschiedlichen Kulturkreisen etwa parallel, sie sind also als grundlegende menschliche Eigenart zu betrachten. Manche Kinder verweilen in der einen Phase etwas länger, andere überspringen eine ganze Stufe. In solchen Unterschieden vermag sich die Originalität eines jeden Individuums widerzuspiegeln. Grundsätzlich weisen Kinderbilder formale Merkmale auf, die – ähnlich den Buchstaben in Wörtern – als eine Art Bildsprache betrachtet werden können.

Etwa vom ersten bis zum zweiten Lebensjahr befindet sich das Kind in der Kritzelphase. Die Freude an der Bewegung wird zunächst sichtbar in Urknäuel und Urkreuz, blattfüllendes Hiebkritzeln zeugt von kraftbetontem Führen des Stiftes. Im weiteren Verlauf dieser Phase entstehen Zickzacklinien und erste Schreibspuren. Die Heftigkeit der Bewegungen nimmt im Laufe der Zeit ab, und es entstehen richtungsweisende Figuren, Basiszeichen für fantasievolle Erklärungen.

Im Alter von drei bis vier Jahren entsteht aus den Bildformen der vorangegangenen Entwicklung, aus Kreis, Linie und Punkt, der Kopffüßler.

Mit zunehmendem Alter erhält das Kind mehr Wissen über Gegenstände, Handlungen und Personen, es bildet diese nach seinen Vorstellungen ab und ergänzt das, was es noch nicht weiß, durch Fantasie.

Charakteristisch für Kinderzeichnungen ist, dass sie weniger von einem visuellen Eindruck zeugen, sondern dass sie schildern, was Kinder am Gegenstand, in der Situation, mit einem Menschen erleben. Erst später wird das Kind das darstellen, was es sieht, es nähert sich damit dann der Darstellungsweise des Erwachsenen.

Kopffüßler

Etwa bis zum Eintritt ins Schulalter lassen sich die kindlichen Darstellungen anhand folgender Merkmale vergleichen:

- *Wichtiges wird groß abgebildet, Unwichtiges klein oder gar nicht (Bedeutungsgröße).*
- *Orientierung an einer Boden- und einer Himmelslinie, an der alles „aufgereiht" wird (Standlinienbild).*
- *Szenendarstellungen in streifenförmiger Blattaufteilung (Streifenbild).*
- *Mehrere Ansichten werden in einem Bild durch Abklappung vereint (Simultanbild).*
- *Der unsichtbare Raum wird dargestellt (Röntgenbild).*
- *Darstellung aus der Vogelperspektive; Gegenstände werden teils in Aufsicht, teils in Seitenansicht dargestellt.*

Die Tendenz zur Prägnanz ist in zahlreichen kindlichen Darstellungen anzutreffen. Das Kind verwendet eindeutige Zeichen und Ordnungen. Gegenstände werden nach dem Prinzip der Streuung oder – noch lieber – der Reihung dargestellt. Das Kind wählt oft die Richtungen senkrecht und waagerecht, es betont eine Richtungsunterscheidung häufig durch den rechten Winkel.

Prägnanztendenz

Aufgabe

1. Sammeln Sie Kinderbilder und betrachten Sie sie in der Gruppe: Beschreiben Sie die Bilder, indem Sie Aussagen über Inhalt und Bildaufbau machen. Vergleichen Sie die Bilder einer Altersstufe. Stellen Sie Ähnlichkeiten fest?
Wenn ja, inwiefern gleichen sich die Bilder? Welche Aussagen können Sie über die Bildsprache von Kindern machen?
Tragen Sie weitere Informationen über die formalen Merkmale von Kinderbildern zusammen und tauschen Sie diese im Klassenverband aus.

2. In Ihrer ursprünglichen Ausdrucksweise ähnelt die Bildsprache von Menschen mit geistiger Behinderung der von Kindern. „Die Kunst von intellektuell eingeschränkten Persönlichkeiten stellt sich als ein Dokument unverbrämten bildnerischen Denkens dar." (Max Kläger, 1999, S. 4) Vergleichen Sie unter diesem Gesichtspunkt die zwei Zeichnungen. Gibt es formale Parallelen? Wie könnten Sie sich diese erklären?

Australischer Ureinwohner, Regengottheit, Felsbild

Japanischer Junge, 5 Jahre, Katze mit Jungem, Temperafarben

Georg Würz, Petra und Georg, Temperafarben

3. Welche pädagogischen Richtlinien können Sie für den Umgang mit dem zeichnenden bzw. malenden Kind formulieren? Lassen sich daraus Konsequenzen für Ihre Arbeit als HeilerziehungspflegerIn/HeilpädagogIn ableiten?

3.2 Druckgrafik

3.2.1 Theoretische Zusammenhänge

In diesem Kapitel werden folgende Fragen beantwortet:

- *Welche Druckverfahren gibt es?*
- *Welche Materialien und Werkzeuge bieten sich im Rahmen von Druckverfahren in behindertenpädagogischen Einrichtungen an?*

Druckverfahren

> *Drucken heißt zunächst einmal, Abdrücke zu hinterlassen. Für Menschen mit Behinderung kann das bedeuten, dass sie die Einmaligkeit ihrer persönlichen Spuren bewusster wahrnehmen. Sie erleben, dass die Elemente dieser Welt individuelle und charakteristische Spuren hinterlassen und dass sie trotz ihrer Einschränkungen von diesem Gestaltungsprozess nicht ausgeschlossen sind.*

Darüber hinaus schafft Drucken die Möglichkeit, Bilder oder bildnerische Formen schnell und häufig zu vervielfältigen. Dazu ist es nötig, eine Druckform herzustellen, die sich ebenso zielgerichtet wie kreativ gestalten lässt. Aufgrund der Besonderheiten von Druckstock und Druckverfahren teilt man die traditionellen Druckverfahren in Hoch-, Tief- und Flachdruck ein.

Hochdruck	Aus der Oberfläche eines Druckstockes werden die Teile herausgeschnitten, die später nicht zu sehen sein sollen. Das, was drucken soll und später sichtbar wird, bleibt stehen wie beim Stempel. Auf die erhabenen Stellen (Hoch-Druck) wird die Farbe aufgewalzt und mittels einer Presse oder von Hand auf Papier gedruckt (z. B. Stempeln, Materialdruck, Linoldruck, Holzschnitt).
Tiefdruck	Der Druck erfolgt von einer Druckform, deren druckende Teile tiefer liegen als die Oberfläche. Die grabenartigen Vertiefungen nehmen dabei Farbe auf und geben sie unter starkem Druck an das saugfähige, meist angefeuchtete Papier ab (z. B. Radierung).
Flachdruck	Grundsätzlich liegen bei diesem Druckverfahren die druckenden Teile auf gleicher Ebene wie die nichtdruckenden Teile (z. B. Monotypie).

Drucke erscheinen seitenverkehrt, d. h. es ist zu berücksichtigen (vor allem bei Schriftzeichen), dass das gestaltete Motiv im Abdruck spiegelbildlich erscheint.

1. Beschreiben Sie die vorliegenden Drucke. Welche Angaben können Sie zu den einzelnen Druckverfahren machen? Ergänzen Sie mithilfe von Fachliteratur.

2. Informieren Sie sich über Leben und Werk der KünstlerInnen, die diese Drucke hergestellt haben. Arbeiten Sie in Gruppen und tragen Sie Ihre Ergebnisse im Klassenverband vor. Welche Rolle spielte die Druckgrafik im Gesamtwerk dieser KünstlerInnen?

Kapitel 3 | Grafik

Pablo Picasso, Frühstück im Freien, 1962 (Linolschnitt)

Paul Klee, Kleinwelt, 1914, 120 (Radierung)

Albrecht Dürer, Die Apokalyptischen Reiter, 1489 (Holzschnitt)

Käthe Kollwitz, Selbstbildnis (Lithografie)

Materialien und Werkzeuge

Grundsätzlich sollte man mit einer **Farbe** drucken, die gesundheitlich unbedenklich ist und eine gute Deckkraft besitzt. Druckfarben auf Ölbasis sind zwar ergiebig, sodass man sie in der Regel nur dünn aufzutragen braucht, was besonders bei den Tiefdruckverfahren von Wichtigkeit ist. Im Umgang mit der Farbe als auch zum Reinigen der Geräte muss man hier allerdings Lösungsmittel wie Terpentinersatz oder Petroleum einsetzen. In der Arbeit mit Menschen mit Behinderung sind diese Farben daher nur bedingt verwendbar. Neben Deckfarben sind sogenannte Aqua-Linoldruckfarben zu empfehlen, die mit Wasser verdünnbar sind und sich gut von den Werkzeugen (und ggf. aus der Kleidung) entfernen lassen. Aqua-Linoldruckfarben sind untereinander mischbar und in Kunststoffflaschen oder Tuben erhältlich. Sie haften auf allen festen und fettfreien Untergründen.

Eine Reduzierung der Farbpalette bietet sich auch für das Drucken an, damit der Blick nicht durch eine zu starke Farbigkeit vom Druck abgelenkt wird.

Für das Drucken eignen sich alle saug- und tragfähigen **Papiere**. Gerade in der Verschiedenartigkeit der Untergründe liegen zahlreiche Möglichkeiten zum experimentellen Tun. Für Handabzüge ist dünneres Papier zu empfehlen. Beim Druck mit der Presse sowie bei der Kaltnadelradierung sollte das Papier besonders dick und saugfähig sein und vorher gewässert werden, damit es die Farbe besser annimmt.

Beim Hochdruck wird die Farbe auf einem **Farbtablett** ausgewalzt. Hierfür eignen sich alle abwaschbaren, glatten Flächen, d.h. beschichtete Brettchen ebenso wie Glas- oder Kunststoffplatten oder auch glatte Steinplatten.

Farbwalzen, d.h. Gummiwalzen mit einem Stahlgestell, gibt es in unterschiedlichen Größen. Mit größeren Walzen lässt sich die Farbe schnell und gleichmäßig aufrollen. Mit kleineren Walzen kann man z.B. beim Materialdruck auch tiefer gelegene Partien mühelos einfärben. Die Walzen lassen sich nicht nur für das Einfärben der Druckstöcke verwenden. Beim Handabdruck kann man unter starkem Druck mit einer sauberen und trockenen Gummiwalze über das Papier rollen, um den gewünschten Abdruck zu erzielen.

Eine Alternative zum Einfärben des Druckstockes mittels einer Walze ist das Anfertigen eines **Stempelkissens**: In einen Blech- oder Plastikdeckel werden 2 cm dicke, zurechtgeschnittene Schaumstoffplatten gelegt, die mit Wasser angefeuchtet und mit flüssiger Farbe eingefärbt werden.

Für das Anfertigen von Druckstöcken und Stempeln benötigt man ggf. einen **Cutter** oder eine **Schere** und **Flüssigkleber**. Für körper- und mehrfachbehinderte Menschen sind große, handliche Stempel von Vorteil, wobei auch die Stempelgriffe den Bewegungsmöglichkeiten entsprechen müssen: Schlaufen oder große Holzmöbelknöpfe, Rundhölzer etc., die an Stempelblöcken aus Sperrholz oder Massivholz befestigt werden und dann mit unterschiedlichen Materialien zum Druckstock gestaltet werden. Stempelgriffe sollten auswechselbar sein, damit jeder körperbehinderte Mensch über einen individuell für seine handmotorischen Probleme angefertigten Stempel verfügen kann. (Vgl. Steiner, 1992, S. 65)

Beim Tiefdruck, d.h. bei der Radierung, werden die Bildstrukturen mit Stahlnadeln in eine Metall- oder Kunststoffplatte graviert. Manche **Radiernadeln** sind mit einem Holzgriff versehen. Sie unterscheiden sich in Stärken und Spitzenformen voneinander. Bei der Arbeit mit Radiernadeln sei auf die Verletzungsgefahr durch das extrem spitze Werkzeug hingewiesen. Menschen mit Behinderung, die mit diesem Werkzeug arbeiten wollen, müssen über ein entsprechendes handwerkliches Geschick verfügen. Für eine bessere Handhabung können die Holzgriffe der Radiernadeln mit Stoff oder Schaumstoff umwickelt werden. Zum Drucken verwendet man hier eine schwere **Walzenpresse**, die mit der Hand betrieben wird und nach jedem Gebrauch entspannt werden muss (Schrauben lockern).

Für jedes Druckverfahren benötigt man genügend **Zeitungspapier** zum Abdecken der Arbeitsfläche, als Unterlage für saubere Abdrucke und auch zur Schonung der Druckwalze.

1. *Schränken Sie bei einem Selbstversuch die Bewegungsmöglichkeit Ihrer Arme ein. Wie können Sie arbeiten, wenn Sie Ihre Hände ein wenig/kaum noch/überhaupt nicht benutzen können. Beschreiben Sie Ihre Gefühle. Welche Alternativen ergeben sich in dieser Situation?*

Kapitel 3 | Grafik

2. Welche Kontakte haben Sie im Rahmen Ihrer Berufspraktika zu Menschen mit arm- oder handbetonter Behinderung aufnehmen können? Beschreiben Sie die Art der Behinderung und konstruieren Sie ein technisches Hilfsmittel, welches diesen Menschen als Druckstock dienen könnte.

3. Versuchen Sie, dieses Hilfsmittel zur Anwendung zu bringen und berichten Sie über Ihre Erfahrungen.

3.2.2 Praktische Umsetzung

In diesem Kapitel sollen eine Reihe von Drucktechniken vorgestellt werden, die in der gestalterischen Arbeit mit Menschen mit Behinderung zur Anwendung gelangen können. Die Auswahl der jeweiligen Technik hängt entscheidend von der Zielsetzung und den individuellen Voraussetzungen des künstlerisch Tätigen ab.

Tipp

Wenngleich es möglich ist, mittels Drucktechniken formal-gebunden (Darstellung eines Motivs oder Themas) oder geordnet strukturiert (Reihen, Ornamente) zu arbeiten, so steht doch in der gestalterischen Arbeit mit Menschen mit Behinderung das freie Drucken im Vordergrund. Der fantasievollen Entfaltung soll größtmöglicher Raum gewährt werden, die Freude am eigenen Schaffen soll nicht beeinträchtigt werden durch zu festgelegte Zielvorgaben.

Der Kontakt mit unterschiedlichsten Materialien aus dem alltäglichen Bereich, die in einem neuen Zusammenhang in Erscheinung treten, fördert die Auseinandersetzung mit der unmittelbaren Umwelt und wirkt sensibilisierend auf die Wahrnehmung, da die Oberflächenbeschaffenheit dieser Materialien mit Hand und Auge wahrgenommen wird.

Der Umgang mit dem Material ermöglicht unterschiedliche taktil-kinästhetische Erfahrungen, bei den zahlreichen Druckverfahren werden vielfältige manuelle Tätigkeiten initiiert. Darüber hinaus sind viele Techniken für unterschiedliche Zielgruppen individuell konzipierbar, sie lassen also einen relativ großen Spielraum zu.

Da einige Gestaltungstechniken unter mehreren Stichwörtern geführt werden können, sei erwähnt, dass Decalcomanie und Frottage auch zu den Drucktechniken gezählt werden können.

Drucken mit körpereigenen Mitteln

Material: große Bögen Papier (z. B. Tapeten oder Packpapier), flüssige, wasserlösliche Farben, ggf. Pinsel oder große Stempelkissen
Ähnlich wie beim Malen mit körpereigenen Mitteln stellt auch das Drucken mit Händen und Füßen ein besonderes taktiles Erlebnis dar.

Das Stempelkissen wird leicht angefeuchtet und eingefärbt, die Finger, Hände oder Füße werden in das Stempelkissen gedrückt und auf dem Papier abgedruckt. Dabei ist je nach Behinderungsart eine Hilfestellung erforderlich, um einen entsprechenden

Druck ausüben zu können. Haltung und Position von Finger, Hand und Fuß können nun vielfältig variiert werden, was eine Fülle an Gestaltungsmöglichkeiten zulässt. Wenn die Farbe nicht zu flüssig aufgetragen wird, können die Körperlinien besonders gut sichtbar werden. Interessante Ergebnisse lassen sich auch erzielen, wenn für einen Abdruck mehrere Farben verwendet oder unterschiedliche Drucke kombiniert werden. Darüber hinaus lässt sich diese Technik besonders gut mit einer Gruppe durchführen, wobei sich die natürliche Vielfalt unterschiedlicher Spuren von Menschen inszenieren lässt.

Drucken mit Stempeln

Material: Korken, Gummireste (z. B. Fahrradschlauch), Kartoffeln, Messer bzw. Schere, Seife, Papier, Farben, Walze

Die Materialien können zugeschnitten werden und entweder direkt oder mithilfe eines Holzklotzes als Stempel Verwendung finden. Für Menschen mit feinmotorischen Einschränkungen empfiehlt es sich, den Druckstock entsprechend groß zu gestalten bzw. mit Hilfsmitteln zu versehen, damit die Handhabung leichter ist.

Handelt es sich bei dem verwendeten Holzklotz um weiches Holz (z. B. Fichte oder Kiefer), so wird es selbst zum Druckstock, indem man die Maserungen abdruckt. Es lassen sich mit weiteren Werkzeugen Einkerbungen im Holz anbringen, sodass die Linien der Maserung unterbrochen werden. Nägel mit Köpfen bündig tief ins Holz einzuschlagen und dann abzudrucken, ergibt neue Struktureffekte.

Das Drucken mit Stempeln lässt sich auch in Verbindung mit Schablonen durchführen. Die ausgeschnittenen Schablonen werden auf das Blatt gelegt und die Fläche um die Schablonen durch Stempel bedruckt. Hier lassen sich aus einfachsten Materialien wie zusammengeballten Stoffresten, die mit einer Stoffwindel umhüllt und stramm abgebunden werden, Stempel herstellen, die auch für Menschen mit starken handmotorischen Einschränkungen leicht zu greifen und zu handhaben sind.

Materialdruck

Material: Gegenstände aus dem Alltag mit einer reliefartigen Oberfläche (z. B. Tapete mit Prägemuster, Borten, Gewebe, Laubblätter, Maschendraht, Gräser, Wellpappe usw.), Papier, Farbe, Pinsel, Walze, Pappe, Flüssigkleber

Die einfachste Methode dieses Verfahrens besteht darin, die unterschiedlichen Materialien mit Druckfarbe einzufärben und anschließend mit einer Handdruckwalze abzudrucken. Das experimentelle Abbilden von vielfältigen unterschiedlich strukturierten Oberflächen kann einen guten Beitrag zur Material- und damit zur Umwelterfahrung leisten. Dabei macht es Sinn, sich zunächst gemeinsam auf die Suche nach geeignetem Material zu machen, d. h. Gegenstände aus dem unmittelbaren Lebensumfeld durch Tasten und Befühlen auf ihre Eignung für den Materialdruck zu überprüfen. Die Struktur eines Gegenstandes kann durch das Abdrucken deutlich visualisiert und wahrgenommen werden. Nach dem Prinzip der Collage lassen sich darüber hinaus Abdrücke von verschiedenen Materialien zu einer Gesamtkomposition verbinden.

Eine weitere Möglichkeit ist es, gefundene Materialien auf einer Trägerplatte zu kombinieren, aufzukleben bzw. aufzutackern und damit einen Druckstock zu gestalten. Beim Gestalten der Druckstöcke ist bisweilen ein gewisses Geschick notwendig, sodass Menschen mit Behinderung in dieser Phase häufig auf Hilfestellung angewiesen sind.

Färbt man nun den Druckstock mit einem Pinsel bzw. mit einer Walze ein, kann er beliebig oft manuell abgedruckt werden. Dabei sollte man darauf achten, dass die verwendeten Materialien ungefähr dieselbe Höhe haben, damit beim Abdrucken der gesamte Druckstock einbezogen wird.

Drucken von Schnüren

Material: verschiedene Schnüre oder Wollfäden, Flüssigkleber, Schreibmaschinenpapier, Farben, Pappe, Walze bzw. Pinsel

Unterschiedliche Schnüre werden auf einer Pappe in Form gelegt und festgeklebt. Beim Legen und Kleben sollte sich möglichst nichts überschneiden, da diese Überlappungen später das Abdrucken tiefer liegender Kordelstellen verhindern. Mit der Walze wird die Schnur eingefärbt, dann wird Papier aufgelegt und die Form abgedruckt. Die Faszination entsteht durch die Windungen und typischen Strukturen unterschiedlicher Schnüre und Kordeln.

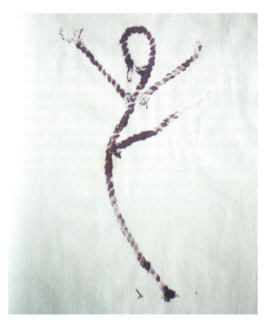

Der Druck von Schnüren eignet sich auch zum großformatigen Drucken und ist deshalb auch mit Menschen mit feinmotorischen Einschränkungen durchführbar. Die Handhabung von gröberen Schnüren oder Seilen gestaltet sich darüber hinaus leichter als die Arbeit mit feinerem Material.

Drucken mit Pappe

Material: Pappen verschiedener Stärke, Farben, Pinsel bzw. Walze, Schere, Klebstoff, Papier

Die Pappe kann zugeschnitten und mit Farbe eingestrichen als Druckstock abgedruckt werden. Es ist aber auch möglich, lediglich die Pappkanten einzufärben und abzudrucken. Dabei können durch Verschiebungen und durch Drehungen der Pappkanten interessante Strukturen erzielt werden. Eine Variation ist mithilfe von Wellpappe zu erzielen: Die Pappe wird in einzelne Teile geschnitten und auf einer Trägerpappe so aufgeklebt, dass die Wellenlinien in unterschiedliche Richtungen zeigen.

Linoldruck

Material: Linolplatten, Linolbesteck, Japan-Aqua-Farben, Papier

Linoleum besteht aus einem Jutegewebe mit einer Leinöl-Kork-mischung als Beschichtung und ist in unterschiedlichen Härtegraden im Handel erhältlich. Für die gestalterische Arbeit mit Menschen mit Behinderung erscheint es sinnvoll, ein Material zu verwenden, welches eine Bearbeitung ohne extremen Kraftaufwand zulässt. Auf die Weise kann die Verletzungsgefahr bei der Bearbeitung der Druckplatte mit den Schneidewerkzeugen gering gehalten werden.

Das Linoleum lässt sich grundsätzlich leichter bearbeiten, wenn man es vor dem Schneiden auf eine warme Heizung legt oder an einen Ofen stellt. Wichtig ist, dass man immer von sich wegschneidet und die Finger der Hand, die das Linoleum hält, außerhalb der Schneiderichtung platziert. Wenn das Halten der Platte und das gleichzeitige Schneiden Probleme verursachen, kann das Linoleum mit Schraubzwingen am Tisch bzw. an einer Unterlage befestigt werden.

Mithilfe der verschiedenen Schneidewerkzeuge wird ein Motiv in die Linolplatte geritzt, welches zuvor als Skizze entworfen wurde oder direkt auf der Platte entsteht. Alles, was später beim Druck weiß stehen bleiben soll, wird dabei weggenommen. Für den Druckvorgang wird die Druckfarbe auf einer Glasplatte ausgewalzt und gleichmäßig auf der Linolplatte verteilt. Anschließend das Papier auf den Druckstock legen, mit dem Handrücken darüber streichen und andrücken. Es kann auch eine saubere Druckwalze verwendet werden.

Der Linoldruck lässt zahlreiche gestalterische Experimente zu, Motive sind als Schwarzlinien- oder Schwarzflächenschnitt bzw. als Weißlinien- oder Weißflächenschnitt darstellbar und lassen eine Fülle von unterschiedlichen Kombinationen zu. Darüber hinaus erlaubt auch der Einsatz von verschiedenen Farben viele Variationenen.

Druckgrafik

Anregung

Die Mitglieder der Künstlervereinigung „Die Brücke" versuchten, ihren neuen Ideen und ihrer Aufbruchstimmung auch in expressionistischer Grafik Ausdruck zu verleihen.

Max Pechstein, Untergehende Sonne, 1948, Holzschnitt/ Druckgrafik

Aufgabe

1. Der Holzschnitt zählt ebenso wie der Linolschnitt zu den Hochdruckverfahren. Erläutern Sie die Gestaltungstechnik und überlegen Sie, warum dieses Druckverfahren für die gestalterische Arbeit mit Menschen mit Behinderung nur bedingt geeignet ist?

2. Beschreiben Sie das Werk und sammeln Sie Informationen über Leben und Werk des Künstlers.

3. Stellen Sie Grundgedanken und Ziele des Expressionismus heraus. Inwiefern lassen sich diese Ideen auch in der expressionistischen Grafik wiederfinden?

4. Inwiefern sind gerade die Werke der Expressionisten für die gestalterische Arbeit mit Menschen mit Behinderung von Interesse?

Styrenedruck

Material: Styreneplatte, Kugelschreiber, Japan-Aqua-Farben, Papier

Styrene, wie Styropor ein Hartschaumstoff, der zur Verpackung und Abdichtung benutzt wird, ist eine sinnvolle Alternative zum Linoleum, weil es leichter zu bearbeiten ist. Mit einem Kugelschreiber oder der Rückseite eines Pinsels drückt man in die vorliegende Platte und „verdrängt" somit das Material; es entstehen Linien und Vertiefungen. Dabei geht es darum, das, was später nicht gedruckt werden soll, wegzunehmen. So entsteht – ähnlich wie beim Linoldruck – ein Weißlinienschnitt, der beliebig oft abgedruckt werden kann.

Eine Variation ist das Gestalten einer Styroporplatte mit einem heißen Draht. Ein gebogener Draht wird in einen Korken gespießt und über einem Teelicht erhitzt (Vorsicht ist geboten!). Mit dem erhitzten Draht zieht man Linien auf einer Styroporplatte (mindestens 2 cm dick), wobei das Material durch die Hitze schmilzt und die Linien tief eingegraben werden. Die so gestaltete Platte wird abgedruckt. Auch mit einem Lötkolben lässt sich eine Styroporplatte in dieser Weise behandeln.

Aufgabe

1. Gehen Sie im Klassenraum herum und befühlen bzw. ertasten Sie unterschiedliche Gegenstände. Versuchen Sie, Ihre Wahrnehmungen in Worte zu fassen und machen Sie sich Stichpunkte. Tauschen Sie im Klassenverband Ihre Eindrücke aus.

2. Sammeln Sie Materialien mit verschiedenen Texturen (Oberflächenbeschaffenheit eines strukturierten Gegenstandes). Versuchen Sie mithilfe eines Bleistiftes mindestens drei verschiedene Strukturen darzustellen (nicht frottieren). Fertigen Sie Abdrücke an. Betrachten Sie die Abdrücke und versuchen Sie sie zu beschreiben. Vergleichen Sie die Abdrücke mit Ihren Zeichnungen und untereinander. Fertigen Sie in Gruppenarbeit eine Collage mit den unterschiedlichen Abdrücken an.

3. Sie wollen in einer Ihnen bekannten Einrichtung für Menschen mit Behinderung in einer kleinen Gruppe den Materialdruck durchführen. Planen Sie diese Aktivität in einzelnen Schritten:
   - Materialsuche
   - Materialzusammenstellung
     Anfertigen des Druckstockes
   - Druckvorgang
   - Ergebnispräsentation
   - Reflexion

Frottagendruck

Materialien: Papier (dünn, aber reißfest, z. B. Japanpapier), Farbe, Walze, Gegenstände mit reliefierter Oberfläche
Bei dieser Technik handelt es sich letztlich um eine Kombination von Frottage (vgl. S. n) und Materialdruck (vgl. S. n). Das Papier wird auf einen Gegenstand mit reliefierter Oberfläche gelegt, die Walze wird leicht eingefärbt und unter festem Druck über das Papier gerollt.
Das Relief des Gegenstandes zeichnet sich nun grafisch auf dem Papier ab.

Anregung: Elemente aus Frottagen oder Frottagedrucken lassen sich in Form einer Collage zu neuen Kompositionen zusammenstellen. So beschäftigte sich der Künstler Max Ernst (1891–1976) intensiv mit dem Abnehmen und Ausdeuten von Materialstrukturen.

Max Ernst, Blauer Sonnenaufgang, um 1950, Farbkreide auf blauem Tonpapier (Frottage), Sammlung Frank Brabant, Wiesbaden

Aufgabe:

1. Versuchen Sie, den Entstehungsprozess der Frottage nachzuvollziehen.

2. Fertigen Sie von verschiedenen reliefierten Gegenständen Frottagen bzw. Frottagedrucke an und kombinieren Sie sie in einer Collage. Finden Sie für Ihr Bild ein Thema und stellen Sie es der Klasse vor.

Druckgrafik

Grattage

Analog zur Frottage, bei der die erhabenen Partien reliefartiger Gegenstände mit Wachsstiften auf Papier durchgerieben werden, entwickelte Max Ernst die Grattage (= Kratztechnik), die gewissermaßen eine Mittelstellung zwischen gedrucktem und gemaltem Bild einnimmt:

Ein Bildträger (grundierte Leinwand, Jute oder Nesseln, auf einen Keilrahmen aufgezogen bzw. über eine Platte gespannt und fixiert) wird mit mehreren Schichten verschiedener Farbtöne bedeckt. Unter den Bildträger werden Gegenstände mit einer reliefartigen Oberfläche gelegt. Mit einem Spachtel, mit dem man die Leinwand auf den unterlegten Gegenstand drückt, wird nun die Farbe von der Leinwand gekratzt.

Der Spachtel kann die Farbe aber nur dort wegnehmen, wo ihm ein Widerstand entgegengesetzt wird. Am besten eignen sich daher als untergelegtes Material Holz, Metall und harter Kunststoff. Unter dem Druck des Spachtels werden die tieferen Farbschichten freigeschabt und freigelegt. Die Texturen zeichnen sich damit in den Farben der tieferen Schichten auf dem Bildträger ab. Sind die unterlegten Objekte scharfkantig, ist darauf zu achten, dass ein zu starker Druck durch den Spachtel den Bildträger nicht beschädigt.

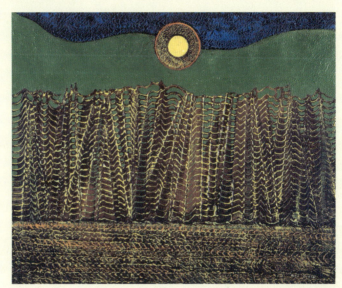

Max Ernst, Grätenwald, 1927, Öl auf Leinwand, Städtisches Kunstmuseum, Bonn

1. Bauen Sie sich nach folgendem Prinzip eine Leinwand:
   - Kaufen Sie sich im Baumarkt Dachlatten, die am Ende spitzwinklig zugeschnitten sind, sodass sich die Ecken zu einem Winkel von 45° zusammenfügen lassen.
   - Fügen Sie vier solcher Dachlatten aneinander, verkleben sie die Ecken mit Holzleim und verschrauben Sie sie zusätzlich mit flachen Metallwinkeln, sodass ein stabiler Holzrahmen entsteht, auf den sich eine Leinwand aufspannen lässt.
   - Ziehen Sie ein weißes Betttuch über den Holzrahmen und befestigen Sie es so, dass es unter Spannung steht. Die Stoffenden können mit einem Tacker befestigt werden, wobei allerdings die Heftklammern dicht nebeneinander in das Holz getrieben werden müssen, damit eine regelmäßige Spannung entsteht.
   - Präparieren Sie das Betttuch, indem Sie mit einem festen Pinsel mit sehr wenigen Tropfen einen mit Wasser verdünnten Holzleim auftragen, um so die Poren zu schließen.
   - Lassen Sie die Leinwand 24 Stunden trocknen.

2. Sammeln Sie geeignete Gegenstände zum Unterlegen und stellen Sie eine Grattage her.

3. Halten Sie den Einsatz einer solchen Technik in der gestalterischen Arbeit mit behinderten Menschen für sinnvoll? Begründen Sie Ihre Aussage.

Kaltnadelradierung

Material: Rhenalonplatten (klarsichtige Kunststoffplatten), Radiernadel, Kupferdruckfarbe, Kupferdruckpapier, Wischgaze, Filztampon, Walzenpresse

Bei einer Radierung (lat. radere = kratzen, schaben) handelt es sich um ein Tiefdruckverfahren, dessen Einsatz in der traditionellen Form für Menschen mit Behinderung wenig geeignet erscheint. Die Bearbeitung von Rhenalonplatten erfolgt jedoch ohne die für Radierungen sonst typische Ätzgrundierung und Säurebadbehandlung und stellt insofern eine sinnvolle Alternative dar. Mit einer Stahlnadel wird die Kunststoffplatte graviert. Anstelle der Radiernadel lassen sich auch lange, dicke Dachstuhlnägel verwenden. Zusätzlich kann man auch Flächen mit grobem Schmirgelpapier bearbeiten. Anschließend reibt man mithilfe eines Filztampons Farbe in die geritzten Vertiefungen und wischt mit Gaze vorsichtig die Plattenoberfläche wieder ab. Ein gut durchgefeuchtetes, saugfähiges Papier wird auf die Platte gelegt und mithilfe der Walzenpresse angedrückt. Die Farbe aus den Ritzen und Kratzern überträgt sich auf das Papier.

> *„Die Kunstdruckpresse Alsterdorf ist ein Beschäftigungsprojekt der Tagesförderung Carl-Koops-Haus der ev. Stiftung Alsterdorf für Menschen mit einer erworbenen Schädel-Hirn-Verletzung und besteht seit Januar 2001.*
>
> *In der Druckwerkstatt werden hochwertige Kunstdrucke unter Anleitung einer Grafikerin mit heilpädagogischer Ausbildung und einem Dipl. Kunsttherapeuten hergestellt. Der Produktionsweg ist in viele kleine Arbeitsschritte unterteilt, sodass für jeden Teilnehmer dieses Arbeitsprojektes eine Aufgabe vorhanden ist, die er bearbeiten kann. Das ist wichtig, da die Belastbarkeit und Konzentrationsfähigkeit der beschäftigten Menschen eine klare Strukturierung erfordern.*
>
> *Das Ergebnis ist am Ende immer ein Gemeinschaftsprodukt, an dessen Herstellung alle Beschäftigten beteiligt werden. Ziel ist es, die Menschen in ihren noch vorhandenen Fähigkeiten zu fördern und langsam wieder in den Arbeitsprozess zu integrieren, sodass sie sich zusehends als aktiver Teil der Gesellschaft erleben können."* **(aus ‚Tagewerk', Kunstdruckpresse Alsterdorf, Hamburg)**

Aufgabe

1. Welche Arbeitsschritte lassen sich bei der Herstellung von Radierungen initiieren?

2. Recherchieren Sie das Verfahren der Ätzradierung und stellen Sie Überlegungen an, für welche Zielgruppen dieses traditionelle Verfahren geeignet bzw. weniger geeignet ist.

Monotypie

Material: Schreibmaschinenpapier, Farbwalze, Druckwalze, Werkzeuge zum Zeichnen, Farben, Bleistift

Die Monotypie ist ein klassisches Flachdruckverfahren und bedeutet Einmaldruck, d. h. der Druckstock (hier: die Farbfläche) kann nur einmal abgedruckt werden.

Es gibt zwei verschiedene Gestaltungsverfahren: die Weißlinien-Monotypie und die Schwarzlinien-Monotypie (vgl. E. Hietkamp, 1998). In beiden Fällen wird die Druckfarbe mit einer Gummiwalze dünn auf das Farbtablett gewalzt.

Bei der Weißlinien-Monotypie zeichnet man mit dem Finger, mit einem Wattestäbchen oder dem Pinselstiel ein Motiv in die Farbfläche, legt ein sauberes Blatt Papier darauf und rollt mit einer Druckwalze vorsichtig darüber. Das Papier muss rasch wieder abgenommen werden, damit es durch die trocknende Farbe nicht festklebt. Die Erprobung weiterer Werkzeuge wie z. B. Schwämmchen, Zahnbürste oder Kamm in einer nichtgegenständlichen Zeichnung kommt den Fähigkeiten von Menschen mit Behinderung häufig entgegen.

Druckgrafik

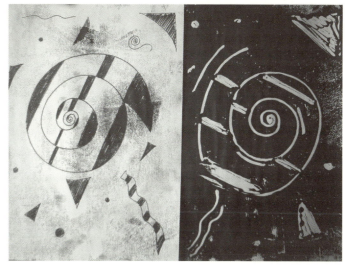

Bei der Schwarzlinien-Monotypie wird das Papier direkt auf die dünn aufgewalzte Farbfläche gelegt und dann mithilfe eines Bleistiftes oder anderer Werkzeuge bezeichnet. Danach wird das Papier von der Farbfläche abgehoben. Das Resultat ist wie bei den anderen Druckverfahren seitenverkehrt. Durch Anpressen kann ein weiterer Abzug hergestellt werden. Im Gegensatz zum ersten ist er wesentlich blasser, und die zuvor dunklen Linien und Flächen erscheinen im Druck nun weiß. Zusätzliche gestalterische Möglichkeiten eröffnet die Verwendung von Papierschablonen, die vor dem Auflegen des zu bedruckenden Papiers auf den Farbfilm der Glasplatte gelegt werden. Ist der Farbfilm vor dem weiteren Gestalten zu dick bzw. noch zu feucht, so empfiehlt es sich, Makulatur (Abfallpapier) aufzulegen und damit etwas Farbe abzunehmen, bevor der zu gestaltende Bogen Papier aufgelegt wird.

Spritzdruck

Material: Zahnbürste, Siebchen, Farben, Papier, Pappe, Schere
Aus Pappe (nicht zu stark!) wird eine Schablone angefertigt und auf das zu bedruckende Papier gelegt. Die Zahnbürste wird im Farbkasten eingefärbt und über dem Papier auf dem Sieb so hin- und hergerieben, dass lauter kleine Farbspritzer das Papier füllen. Dort, wo die Schablonen aufliegen, bleibt das Papier weiß stehen. Man kann verschiedene Farben benutzen oder die Schablonen – nach dem Trocknen der Farbe – auf dem Papier verschieben und erneut spritzen.

Interessante Effekte lassen sich auch durch das Auflegen von Gräsern und Blättern erzielen. Es empfiehlt sich, diese vorher zu pressen, damit sie glatt auf dem Papier liegen und so die Konturen besser sichtbar werden.

Eine andere Möglichkeit besteht darin, ein Stück Pappe in der Größe des zu bedruckenden Papiers nach Art eines Puzzles in verschiedene Teile zu zerschneiden und dann Stück für Stück jeweils ein Teil abzuheben und durch Spritzdruck zu gestalten.

Großflächiges Gestalten mittels des Spritzdruckes lässt sich mit einem dicken Borstenpinsel, einem Sandkastensiebchen und entsprechend großformatigem Papier durchführen.

Aufgabe

1. Experimentieren Sie mit der Monotypie, indem Sie möglichst viele Gestaltungsalternativen ausprobieren. Verwenden Sie dabei
    - unterschiedliche Papierarten und -formate,
    - verschiedene Farbarten und -töne,
    - verschiedene Farbtabletts,
    - unterschiedliche Materialien als Zeichenwerkzeug (Lappen, Bürsten, Schwämmchen usw.).
    Welche Materialien und Werkzeuge liegen Ihnen mehr, welche weniger?
    Begründen Sie Ihre Aussage.

Kapitel 3 | Grafik

2. Gestalten Sie in Gruppenarbeit großflächige Monotypien. Decken Sie dafür den Tisch mit einer Lackdecke ab und verteilen Sie mit einer Nudelholz zügig und dünn Farbe auf der Fläche. Zeichnen Sie nun gemeinsam mit Fingern und Händen ein ungegenständliches Bild, ohne miteinander zu sprechen. Legen Sie dann großformatiges Papier auf die Farbfläche, fahren Sie vorsichtig mit einer großen Bürste oder einem Schrubber darüber und heben Sie das Papier wieder ab. Wie haben Sie sich beim Gestalten gefühlt? Fiel es Ihnen leicht, sich mit den anderen ohne Worte zu verständigen? Sind Sie zufrieden mit dem Ergebnis? Präsentieren Sie die fertigen Bilder der Klasse und sprechen Sie über Ihre Arbeiten.

3. Planen Sie eine Druckaktivität für
   - eine Gruppe von jungen Menschen mit geistiger Behinderung und
   - eine Gruppe mit Kindern, die eine starke Behinderung im handmotorischen Bereich haben.

Anregung

Kraichgau-Werkstatt in Sinsheim bei Heidelberg

Seit 1986 arbeiten in der Werkstatt 122 geistig und mehrfach behinderte Menschen in sechs Produktionsgruppen (Hauswirtschaft, Schreinerei, Textil, Metall, Montage und Verpackung). Als siebte Produktionsgruppe (derzeit neun Personen) fungiert die Kunstwerkstatt unter der Leitung eines Kunstpädagogen und Designers. Eine Galerie in der Werkstatt selbst sorgt, neben den Ausstellungen in verschiedenen Städten des In- und Auslandes, für erfreuliche Verkaufserfolge. Bemerkenswert ist in Sinsheim überdies die Tatsache, dass der dort tätige Kunstpädagoge bei den individuellen Beratungs- und Erläuterungsgesprächen auch Beispiele aus der Kunstgeschichte heranzieht, um so ganz gezielte Lernvorgänge anzustoßen.
Die bildnerischen Verfahren, die in Sinsheim praktiziert werden, umfassen Malen (Tempera, Ölkreiden, Buntstifte), Zeichnen und Druckgrafik (Kaltnadelradierung, Farbradierung, Linolschnitt). Ein dekorativer Designaspekt findet in der Herstellung von verzierten Holztellern seinen Ausdruck. In der letzten Zeit befasste sich einer der Künstler auch mit plastischen Objekten (Papiermaschee auf Holzgerüst). Da auch die übrigen Menschen mit Behinderung in den anderen Produktionsgruppen immer wieder – auf Wunsch – die Möglichkeit zur bildnerischen Betätigung erhalten, ist auch langfristig für den Zugang neuer Begabungen gesorgt. **(Vgl. Kläger, 1999, S. 16)**

Aufgabe

1. Kläger spricht in seinem Bericht über gezielte Lernvorgänge, die durch Beispiele aus der Kunstgeschichte initiiert werden. Um welche Lernvorgänge könnte es sich handeln? Suchen Sie Beispiele aus der Kunstgeschichte zum Thema Druckgrafik, die Lernprozesse bei Menschen mit Behinderung in Gang setzen könnten. Tauschen Sie Ihre Ergebnisse im Klassenverband aus.

2. Suchen Sie in der Fachliteratur nach einer Definition des Begriffes „Begabung". Wie verstehen Sie in diesem Zusammenhang Kläger, wenn er von einem „langfristigen Zugang neuer Begabungen" spricht? Welche Zusammenhänge zur Arbeit mit Menschen mit Behinderung können Sie erkennen?

4 Gestalten mit Papier

- Welche Rolle spielt Papier in Ihrem Leben? Versuchen Sie, möglichst viele unterschiedliche Anlässe zusammenzutragen, in denen Ihnen Papier begegnet bzw. in denen Papier verwendet wird.

- Sammeln Sie unterschiedliche Papiersorten, bringen Sie sie auf ein einheitliches Format, lochen Sie sie und binden Sie sie mit einer Schnur zusammen. Eine dicke Pappe eignet sich als Einband. Vergleichen Sie die Papiere miteinander. Wie fühlen sich die Papiere an? Wie sehen sie aus? Welche weiteren Unterscheidungskriterien finden Sie (dick, dünn, glatt, rau, groß, klein, bunt)? Welche Funktionen erfüllen die einzelnen Papiere? Können Sie Papiere ertasten?

- Wie verhalten sich unterschiedliche Papierarten beim Reißen, Falten und Knüllen? Welche Manipulationsmöglichkeiten können Sie sich noch vorstellen?

- Untersuchen Sie in einer Ihnen bekannten Einrichtung für Menschen mit Behinderung kreative Gestaltungsangebote mit Papier. Welche Angebote werden gemacht? Welche Zielgruppen werden angesprochen, welche Ziele sind angestrebt? Überprüfen Sie das eingesetzte Material auf seine Beschaffenheit und Eignung. Welche Bezugsquellen können Sie ausfindig machen?

Kapitel 4 | Gestalten mit Papier

4.1 Theoretische Zusammenhänge

In diesem Kapitel sollen folgende Fragen beantwortet werden:

- *Nach welchen Kriterien lassen sich Papiere unterscheiden bzw. vergleichen?*
- *Welche Materialien bieten sich im Rahmen von Gestaltungsangeboten mit Papieren in Einrichtungen für Menschen mit Behinderung an?*
- *Welche Werkzeuge kommen dabei zur Anwendung?*

Papierqualitäten

Die Papierindustrie erzeugt derzeit etwa 3000 verschiedene Sorten von Papieren, Kartons und Pappen, die aufgerollt, gebündelt, gestapelt, geschichtet, abgeheftet oder gefaltet aufbewahrt werden, um dann dem jeweiligen Verwendungszweck zugeführt zu werden. Grob lassen sich drei verschiedene Papierqualitäten unterscheiden:

- Holzhaltige Papiere: Sie basieren auf Rohstoffen wie Tannen- und Fichtenholz, welches zu Fasern geschliffen wird (Holzschliff). Die Papiere sind relativ dick und saugfähig, gilben allerdings bei direktem Sonnenlichteinfluss stark und werden brüchig.
- Holzfreie Papiere: Der Rohstoff für diese Papiere ist ebenfalls Tannen- oder Fichtenholz, welches allerdings maschinell zerkleinert und unter Druck mit Zusatz von Säure in Kochern behandelt wird, sodass der reine Faserstoff (Zellstoff) übrigbleibt. Diese Papiere gilben kaum und werden häufig auch in Mischform mit Hadern (Baumwolllumpen) hergestellt.
- Altpapier stellt heute den größten Rohstoffanteil bei der Herstellung von Papier. Diese Papiere sind gute Gebrauchspapiere, eignen sich aufgrund ihrer Eigentönung bedingt für die gestalterische Arbeit. Dennoch sollte aus ökologischen Gesichtspunkten die Möglichkeit, Recycling-Papier zu verwenden, immer miteinbezogen werden.

Die Fasern, aus denen die Papiere hergestellt sind, verlaufen in eine Richtung. Wenn sie feucht werden, dehnt sich der Bogen quer zu dieser Laufrichtung mehr aus als in Laufrichtung. Beim Trocknen „verzieht" er sich. Die Laufrichtung bestimmt auch das Verhalten des Papiers, wenn es „geformt", d.h. gefaltet, gerissen oder geklebt wird.

Je größer die Faserdichte, desto schwerer ist das Papier. Sein Gewicht wird in Gramm pro Quadratmeter gemessen. Papier wiegt bis 150 g/qm, Kartonpapier zwischen 150 g/qm und 250g/qm, Karton zwischen 250 g/qm und 600 g/qm und Pappe über 600 g/qm.

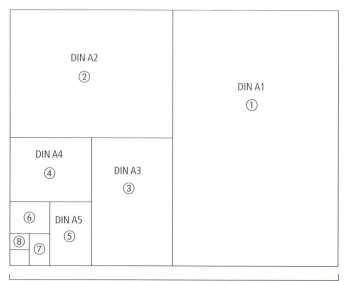

Die Größe der Papierblätter ist durch die „Deutsche Industrie-Norm" festgelegt. Papier der Größe DIN A0 ist 841 mm breit und 1189 mm lang (1 qm). Zerschneidet man dieses Blatt in zwei gleich große Teile, so entstehen zwei Blätter der Größe DIN A1. Das heißt, DIN A0 ist doppelt so groß wie DIN A1. DIN A1 ist wiederum doppelt so groß wie DIN A2 und aus einem Blatt DIN A2 können zwei DIN-A3-Blätter hergestellt werden.

Je nach Zusammensetzung der Rohstoffe und je nach Art der Zusätze erhält man Papiere mit unterschiedlichen Eigenschaften.

Papiersorten

Die Wahl des Papiers ist abhängig von der Gestaltungstechnik, für das es verwendet wird. So sollen an dieser Stelle aus der Vielzahl von unterschiedlichen Papieren diejenigen herausgegriffen werden, welche für die nachfolgend vorgestellten Gestaltungsangebote infrage kommen (verwiesen sei dabei auch auf weitere Informationen zum Thema Papier als Maluntergrund in Kapitel 1). Es gibt unbedruckte und bedruckte Papiere. Unbedruckte Papiere können transparent, weiß, einseitig gefärbt oder durchgefärbt (beidseitig gefärbt) sein. Sie unterscheiden sich in ihrer Oberflächenstruktur – rau, glatt, geschmeidig, brüchig – ebenso wie in ihren Verarbeitungseigenschaften – tragfähig, saugfähig, biegsam.

Auch bedruckte Papiere unterscheiden sich nach Gewicht und Eigenschaften. Folien, z.B. Hochglanzpapiere und kunststoffbeschichtete Papiere, enthalten meist schwermetallhaltige Pigmente und sind deshalb für die gestalterische Arbeit mit Menschen mit Behinderung eher ungeeignet. Grundsätzlich ist auch bei der Papierbeschaffung darauf zu achten, dass das Material aus physiologisch unbedenklichen Inhaltsstoffen besteht und keine toxischen Farbstoffe verwendet werden.

- **Tonpapier:** durchgefärbtes Papier, das in unterschiedlichen Qualitäten (Farben bluten bei guter Qualität nicht aus) und in einem breiten Farbenspektrum im Handel erhältlich ist, etwas rauhe Oberfläche, eignet sich gut zum Ausschneiden

- **Tonkarton:** gefärbter Karton in breitem Farbspektrum, einlagig als dickeres Papier zu verstehen, bei mehrlagigem Fotokarton werden mehrere feuchte Papierlagen zusammengepresst, matte Oberfläche, einseitig und beidseitig gefärbt erhältlich

- **Passepartoutkarton:** Karton mit farbig beschichteter Oberseite und grauer bzw. weißer Unterseite

- **Graupappe:** sehr elastisch, hohe Festigkeit, besteht wie Karton aus mehreren, im feuchten Zustand zusammengepressten Papierlagen, wird vorzugsweise für Buchbindearbeiten (Mappen, Schachteln) verwendet

- **Wellpappe:** fein oder grobwellig mit unterschiedlicher „Laufrichtung" der Wellen, einseitig gewellt oder mit Wellen zwischen zwei Papier-Deckschichten, zeichnet sich trotz niedrigen Gewichtes durch hohe Festigkeit aus, lässt sich quer zu den Wellen leicht ritzen und knicken, farbig beschichtet oder natur

- **Schreibmaschinenpapier:** meist mit glatter Oberfläche und besonderer Leimung, im Allgemeinen hohe Falzfestigkeit und somit für viele Papierarbeiten geeignet

- **Seidenpapier:** sehr dünnes, stark eingefärbtes Papier (unter 30 g/qm) mit großer Farbpalette und -intensität, bei trockenen Farbarbeiten vor Licht (z.B. am Fenster) sehr reizvoll durch gute Mischfähigkeit beim Überlappen mehrerer Papiere, stark färbend bei nassen Arbeiten (z.B. Kleister oder flüssigem Klebstoff), bleicht bei direkter Lichteinwirkung aus

- **Transparentpapier:** durchscheinendes, buntes Papier aus hochwertigen Fasern, sehr unterschiedliche Qualitäten (als Großbögen farbkräftiger, lichtbeständiger und fester als in Heftform), im Umgang mit Menschen mit Behinderung eignet sich Pergamin, besonders transparentes Buntpapier von festerer Qualität (sog. Architektenpapier), das nicht so empfindlich ist wie das dünne Transparentpapier, aufgrund der Dicke des Papiers ist die Farbmischung durch Zusammenbringen verschiedenfarbiger Papiere nur begrenzt möglich, gut geeignet für Farblichtspiele (Laternenbau, Fensterbilder …)

- **Kreppapier:** farbiges Papier, in Kreppfalten gekräuselt, in der Laufrichtung dehnbar, für Klebearbeiten und zur Dekoration

- **Faltpapier:** quadratische Faltblätter in unterschiedlichen Formaten (meist im Format 10 x 10 cm und 15 x 15 cm erhältlich), einfarbig, gemustert oder in Farbverläufen eingefärbt

- **Buntpapier:** glänzendes buntes Papier, meist mit gummierter Rückseite (unbedenkliches Klebemittel, das bei größeren Arbeiten mit einem Pinsel oder einem kleinen Schwamm befeuchtet werden sollte), vorwiegend in kleinem Heftformat erhältlich

- **Illustrierten- und Werbepapier:** kostenloses, leicht zu beschaffendes und allseits bereites buntes Papier aus Prospekten und Zeitschriften, geeignet für Collagen und Klebearbeiten, unterschiedliche Stärken, in unterschiedlichen Qualitäten, nicht beschichtet bis stark beschichtet (Deckblätter von Illustrierten), d.h. saugfähig bis wasserabweisend

Kapitel 4 | Gestalten mit Papier

Als „Bildträger" für die folgenden Gestaltungsarbeiten bieten sich darüber hinaus die in Kapitel 1 vorgestellten Papiere und Pappen an.

Es erscheint im Sinne einer Sensibilisierung sinnvoll, die Vielfalt der uns alltäglich umgebenden Papiere bewusster wahrzunehmen. Auch bei kreativen Angeboten in Einrichtungen der Behindertenhilfe lässt sich gerade bei der gestalterischen Arbeit mit Papier auf Materialien zurückgreifen, die ansonsten u. U. achtlos im Mülleimer landen würden. Ob ein gezieltes Sammeln von leeren Haushalts- bzw. Toilettenpapierrollen oder das Einrichten eines eigenen Kleincontainers für Schmuckpapiere wie z. B. gebrauchtes Geschenkpapier oder alte Kalenderblätter, wer einmal sensibilisiert ist für den Wert eines Stück Papiers, wird nicht mehr achtlos wegwerfen, was kreativ weiter- bzw. wiederverwertet werden kann.

1. *Welche Möglichkeiten der Wieder- bzw. Weiterverwendung von Rohstoffen haben Sie in den Ihnen bekannten Einrichtungen der Behindertenhilfe kennengelernt? Glauben Sie, dass es Sinn macht und möglich ist, Menschen mit Behinderung für den ästhetischen Wert von Verpackungsabfällen zu sensibilisieren? Wie sähe ein erster Schritt in die gewünschte Richtung aus? Versuchen Sie, Ihre Ideen in die Tat umzusetzen und berichten Sie über Ihre Erfahrungen.*

2. *Untersuchen Sie das Angebot in einem Papiergroßhandel:*
   - *Welche unterschiedlichen Papiersorten finden Sie vor?*
   - *Welche Gestaltungsempfehlungen erhalten Sie für die einzelnen Papiersorten?*
   - *Welche Preiskategorien können Sie feststellen?*

Werkzeuge

Es gibt zahlreiche Möglichkeiten, mit Papier schöpferisch tätig zu sein, es erlaubt flächige, reliefartige und plastische Gestaltungsvariationen.
Die wichtigsten Werkzeuge sind auch für das Gestalten von Papier die Hände, mit denen es sich vielfältig formen lässt.

Scheren

Für Schneidearbeiten mit Papier sollten bei der gestalterischen Arbeit in behindertenpädagogischen Einrichtungen **Scheren** zur Verfügung stehen, die eine Verletzungsgefahr weitgehend ausschließen.

- Geeignet erscheinen deshalb Bastelscheren (ggf. mit abgerundeter Spitze) mit einer Schneide von 7 cm und Universalscheren mit einer Schneide von ca. 9 cm. Die Länge der Schneide ist nicht unerheblich, da das Führen von kurzschneidigen Scheren für Menschen mit handmotorischen Einschränkungen einfacher ist.

- Silhouettenscheren mit einer Schneide von ca. 5,5 cm sind sehr klein und außerdem sehr spitz, sodass sie nur von Menschen mit gutem handmotorischem Geschick geführt werden können.

- Papierscheren mit einer Schneide von 14,5 cm eignen sich für das Zuschneiden von größeren Papierstücken, kommen aber für die gestalterische Arbeit am Papier weniger in Frage. Im Handel sind darüber hinaus eine Reihe von Spezialscheren für Menschen mit Behinderung erhältlich, wie z. B. eine selbstöffnende Schiebeschere oder Scheren mit Griffen anstelle der Greiflöcher, die sich über Federn auch selbst öffnen. Das erste Zuschneiden von größerformatigem Papier lässt sich auch mit einer **Papierschneidemaschine** durchführen. Hier empfehlen sich einfache Maschinen, die mittels eines rotierenden Rundmessers funktionieren (keine Handpressung), weil die Verletzungsgefahr hier am geringsten ist. Zusätzlich lässt sich aus stabilisierten Gipsbinden oder mit Kunststoff-Form-Material (erhältlich in Orthopädiegeschäften) ein Aufsatz bauen, welcher die Bedienung der Schneidemaschine mit dem Handgelenk oder dem Unterarm ermöglicht.

- **Cutter** sind Schneidewerkzeuge mit einer Klinge, die durch Auswechseln oder Abbrechen erneuert werden kann. Beim Schneiden benötigt man eine Unterlage, z. B. dicke Pappe oder eine Hartgummiunterlage. Cutter können für gerade Schnitte eingesetzt werden, als Führungsleiste benutzt man beim Schneiden ein Eisenlineal (ein Holzlineal wäre ungeeignet, weil das Messer beim Entlanggleiten feine Späne von der Kante abträgt und dadurch dem Lineal allmählich seine gerade Kante nimmt). Das Schneiden mit dem Cutter erfordert handwerkliches Geschick und einen erheblichen Kraftaufwand, diese Schneidewerkzeuge sind aufgrund der Verletzungsgefahr für Papierarbeiten mit Menschen mit Behinderung nur bedingt geeignet (z. B. für Buchbindearbeiten).

Theoretische Zusammenhänge

Klebstoffe

Bei den unterschiedlichen Papierklebestoffen ist gut abzuwägen, ob ein schnelles Haften bzw. Verkleben notwendig ist oder ob aus gesundheitlichen Aspekten wasserlösliche **Klebstoffe** verwendet werden sollen, die allerdings langsamer antrocknen. Lösungsmittelhaltige Klebstoffe riechen sehr stark und können die Gesundheit schädigen, lösungsmittelfreie Klebstoffe sind geruchsneutral, kalt auswaschbar und hautfreundlich, weshalb sie bei der gestalterischen Arbeit in Einrichtungen der Behindertenhilfe zu bevorzugen sind.

- Klebestifte sind sauber in der Verwendung. Für Menschen mit handmotorischen Problemen eignen sich größere Stifte eher als kleinere, weil sie sicherer in der Hand liegen. Klebestifte eignen sich für flächiges Kleben, wobei eine ausreichende Klebekraft in der Regel nur durch Markenartikel gewährleistet ist.

- Flüssigkleber in der Flasche ist schnell und stark klebend, trocknet transparent und ist eher geeignet für punktartiges Kleben. Für Menschen mit handmotorischen Einschränkungen könnte die dosierte Abgabe des Flüssigklebers durch einen gezielten Druck der Flasche ein Problem darstellen.

- Tapetenkleister ist ein Zellulose-Klebstoff und eignet sich zum Kleben von Papier und für Papiermascheearbeiten. Er wird mit Wasser angerührt und ist nach ca. 15 Minuten gebrauchsfähig. Tapetenkleister hinterlässt keine Spuren, seine endgültige Klebekraft setzt jedoch erst nach dem Trocknungsprozess ein. Kleister ist ungiftig, hautverträglich und leicht auswaschbar. Er ermöglicht einen großflächigen Zugriff und vermittelt besondere taktile Erfahrungen. Für die gestalterische Arbeit mit Menschen mit Behinderung ist er daher besonders gut geeignet.

- Weißleim ist ein synthetischer Leim, der mit Wasser verdünnbar ist und ebenfalls transparent antrocknet. Geleimtes muss gepresst werden und klebt nach ca. 1 Stunde. Weißleim wird mit einem Pinsel oder einem Spachtel aufgestrichen und ist gut hautverträglich. Er eignet sich für alle Papier- und Holzklebearbeiten und kann auch dem Kleister beigemengt werden, damit eine höhere Klebekraft erzielt wird. Selbst hergestellte Leime, wie z. B. Reis- oder Mehlkleber, sind umweltfreundlich und leicht herzustellen.

- Klebefilme bestehen aus transparenter, farbloser PVC-Folie und unterscheiden sich in Breite und Qualität. Sie kleben ein- oder zweiseitig und können mit einer Schere oder einem Abroller abgeschnitten werden. Kreppband ist ein Klebstreifen aus dehnbarem Spezial-Krepppapier.

Aufgabe

1. *Aus Mehl lässt sich ebenfalls ein befriedigendes Klebemittel herstellen: Mischen Sie dazu 2 El Mehl mit 1/4 l kaltem Wasser, kochen Sie die Masse kurz auf und rühren Sie dabei sorgfältig um, damit sich keine Klumpen bilden, eine Prise Zucker dazugeben (einige Tropfen Pfefferminzöl können als Konservierungsmittel dienen). Sammeln Sie Papierüberreste aus dem Container und ordnen Sie sie in Gruppenarbeit auf einem Grundpapier an. Knüllen, rollen, bündeln, pressen Sie das Papier und verwenden Sie den selbst hergestellten Klebstoff, um Verbindungen herzustellen. Vergleichen Sie Ihre Ergebnisse.*

2. *Diskutieren Sie die Verwendung von lösungsmittelhaltigen bzw. lösungsmittelfreien Klebstoffen. Welche Erfahrungen haben Sie gemacht? Welche Klebstoffe werden in den Ihnen bekannten Einrichtungen der Behindertenhilfe bevorzugt?*

3. *Welche Erfahrungen haben Sie in Einrichtungen der Behindertenhilfe im Umgang mit Scheren gemacht? Sehen Sie Gefahren? Wie kann man solchen Gefahrensituationen begegnen? Machen Sie Vorschläge und tauschen Sie sich im Klassenverband aus.*

Anregung

Das Prinzip der Akzeptanz individueller Kreativität

„Es ist fast selbstverständlich davon auszugehen, dass die behinderten TeilnehmerInnen in Kunstgruppen als gestaltende Wesen mit ganz eigenen kreativen Fähigkeiten wahrgenommen, akzeptiert und unterstützt werden. Mehr als anderswo bietet sich ihnen die Möglichkeit, ihre Kreativität zu entdecken und auszuprobieren. Aber Nichtbehinderte haben dennoch zuweilen Schwierigkeiten, die individuelle Kreativität als solche zu erkennen und zu akzeptieren." (Gekeler/Gudarzi, 2001, S. 23 ff.)

> *Papierregen*
>
> *„Ein behinderter Künstler sitzt etwas abseits. Er hat sich einen Karton, eine Schere und verschiedenfarbiges Papier geholt. Er nimmt sich ein Blatt und beginnt, es in Streifen zu schneiden, dann nimmt er einen der Streifen, hält ihn über den Karton und schneidet ihn in kleine Stücke. Er sieht zufrieden zu, wie die Schnipsel in den Karton fallen. So zerschneidet er einige Zeit Papier, und in seinem Karton liegt ein ansehnlicher Haufen von Schnipseln. Besorgt darum, ob er nicht vielleicht Zeit vertue, statt kreativ zu sein, rätseln nichtbehinderte TeilnehmerInnen darüber, was er wohl mit diesem Tun erreichen wolle. Sie überlegen, ob es sich um sinnloses Tun handele oder gar um die Abfuhr destruktiver Tendenzen. Schließlich spricht ihn jemand an. Er reagiert äußerst unwillig, fühlt sich gestört, wehrt den neugierigen Frager ab und widmet sich wieder seiner Tätigkeit, der er auch in den folgenden Treffen nachgeht. Von Zeit zu Zeit versucht jemand erfolglos, ihn darauf anzusprechen oder ihn sogar abzulenken, um ihn zu einer „kreativen" Betätigung zu veranlassen."* **(Gekeler/Gudarzi, 2001, S. 23 ff.)**

Aufgabe

1. Worin besteht Ihres Erachtens nach die individuelle Kreativität in diesem Fallbeispiel?

2. Finden Sie eine Erklärung für den Konflikt, in den die nichtbehinderten Teilnehmer geraten.

3. Versuchen Sie sich in die Rolle der nichtbehinderten Teilnehmer zu versetzen. Wie hätten Sie reagiert?

4.2 Praktische Umsetzung

Dieses Kapitel informiert über unterschiedliche Einsatzmöglichkeiten des Werkstoffes Papier als Gestaltungsmaterial in der kreativen Arbeit mit Menschen mit Behinderung.

Auch in den Einrichtungen der Behindertenhilfe finden sich allerorten dekorative Fensterbilder oder Mobiles, die, meist mit, selten ohne Schablone angefertigt werden und der Raumgestaltung dienen sollen. Im geschlossenen und weitgehend programmierten Ablauf dieser „Kreativverfahren" spielt der Eigenwert des Materials eine untergeordnete Rolle, die Produkte sind in der Regel festgelegt und lassen eine tiefere Auseinandersetzung mit dem Werkstoff kaum zu. Papier jedoch ist ein ausgesprochen schöpferisches Material, das unbegrenzte Gestaltungsmöglichkeiten bietet: Papier lässt sich reißen, schneiden, prickeln, prägen, falten, knüllen, wellen, rollen, biegen, nähen, kleben, heften und mit verschiedenen anderen Materialien kombinieren.

Tipp

Bei gestalterischen Aktivitäten im Umgang mit Papier sollte es also zunächst darum gehen, ganz grundlegende Manipulationsmöglichkeiten zu erkunden und die Sortenvielfalt von Papier mit seinen unterschiedlichen Eigenschaften kennen zu lernen.

Papier reißen

Da das Führen einer Schere vielen Menschen mit Behinderung schwer fällt, bildet das Reißen von Papier eine basale Gestaltungstechnik.

> *„Geistig- und körperbehinderten Kindern (und Erwachsenen, d. A.) kann das Reißen Schwierigkeiten bereiten. Häufig ist zu beobachten, dass die Kinder mit beiden Händen in ihrem Schulterabstand das Blatt ergreifen, es zusammenraffen und dann versuchen, es zu reißen, was scheitern muss. Es kommt hierbei zur Faserverdichtung, die sich der geringen Kraft der Kinderhände als unüberwindbare Kraft entgegenstellt.*

Das Reißen muss also gelernt sein. Das einfachste Mittel ist, dass der Erzieher, Betreuer, Lehrer selbst Papier reißt und sich die Technik, die er routinemäßig handhabt, ins Bewusstsein ruft. Das Reißen setzt sich aus mehreren, komplexen Bewegungsabläufen der Hände zusammen. Aufgabenstellung: Die Hände kommen vor der Körpermitte zusammen. Beide Hände nehmen das Papier an der Außenkante auf, ohne es zu knüllen. Nun setzt eine gegenläufige Bewegung der Hände den Reißvorgang fort. Während die eine Hand sich zum Körper hin und abwärts bewegt, bleibt die andere Hand in ihrer Position stehen, oder bewegt sich vom Körper weg nach vorne und oben." **(Steiner, 1992, S. 72 ff.)**

Diese Bewegungsabläufe, die für uns selbstverständlich sind, können für Menschen mit Behinderung äußerst schwierig sein.

> 1. Viele Menschen mit Behinderung bedürfen auch beim Reißen von Papier der Hilfestellung. Erkunden Sie in einem Selbstversuch, wie Sie eine sinnvolle Hilfestellung für Menschen mit handmotorischen Behinderungen leisten können. Bilden Sie Paare, von denen jeweils einer eine Hand mit einer Mullbinde umwickelt. Welche Schwierigkeiten treten beim Reißen auf? Wie können Sie die entstehenden Probleme lösen?
>
> 2. Entwickeln Sie Ideen für Hilfskonstruktionen, die das Reißen von Papier erleichtern könnten.
>
> 3. Probieren Sie das Reißen an unterschiedlichen Papiersorten aus. Welche Papiere lassen sich besser reißen, welche nicht so gut? Welchen Zusammenhang können Sie feststellen zwischen der Laufrichtung von Papierfasern und der Reißfähigkeit?

Mithilfe von gerissenem Papier kann man Grundflächen in unterschiedlichster Weise gestalten. Auch Schuhkartons und andere Verpackungen lassen sich mit gerissenen bunten Papierschnipseln wirkungsvoll dekorieren. Gerissenes Papier bildet auch die Grundlage für Pappmascheearbeiten (vgl. 4.2).

Das Rollen und Biegen und schließlich das gezielte Falten von Papier kann zum spielerischen Training von Greifformen und zum gezielten Training der Koordination und des räumlichen Vorstellungsvermögens eingesetzt werden.

Papier schneiden

Das Schneiden von Papier wird in der Regel als Ausschneiden entlang einer Linie verstanden. An einer Linie entlang zu schneiden verlangt die Fähigkeit, die einzelnen Teile beider Hände zu kontrollieren, während die Bewegungen durch das Auge koordiniert werden. Für viele Menschen mit Behinderung stellt diese Kombination eine Überforderung dar.

> 1. Bilden Sie Paare und beobachten Sie sich gegenseitig beim Schneiden eines Papiers. Gestalten Sie ein Blatt mit freien Schnitten, schneiden Sie aus einem zweiten einen vorgegebenen Kreis aus. Beschreiben Sie die Bewegungsabläufe. Halten Sie das Blatt fest und bewegen Sie Ihre Hand oder drehen Sie das Blatt beim Schneiden? Machen Sie sich Notizen und vergleichen Sie im Plenum Ihre Aufzeichnungen.
>
> 2. Entwickeln Sie Vorstellungen, welche Probleme für Menschen mit unterschiedlichen Behinderung beim Schneiden/Ausschneiden entstehen könnten. Wie könnten Sie diesen Problemen begegnen?

Papiere können auch durch „freies Schneiden" manipuliert und auf einer Grundfläche gestaltet werden.

Kapitel 4 | Gestalten mit Papier

So lässt sich beim **Spaltschnitt** ein Papier mit einer Schere oder einer Schneidemaschine in mehrere Teile zerlegen, welche durch Verschieben eine neue Formeinheit bilden.

Beim **Klappschnitt** wird ein Papier durch Herausklappen von einfachen Formen gestaltet, sodass ein wirksamer Flächenrhythmus von positiven und negativen Formen entsteht.

Grundregel ist bei beiden Scherenschnittarten, dass nichts weggenommen und nichts hinzugefügt werden darf.

Auch der einfache **Faltschnitt**, bei dem ein Papier in der Mitte gefaltet wird und die Faltkante mit der Schere manipuliert wird, bringt eine symmetrische Scherenschnittform hervor. Bei formalem Gestalten entstehen hier die aus der Wahrnehmungspsychologie bekannten (Figur-Grund) Kippbilder, die mal das Ausgeschnittene, mal den Hintergrund erscheinen lassen (sog. Pokalbilder).

Anregung

Der Künstler Henri Matisse ist nicht nur durch seine farbigen ausdrucksstarken Malereien bekannt geworden, sondern auch durch großflächige freie Schneidearbeiten.

Henri Matisse, L'Escargot – The Snail, 1953, Tate Gallery, London

Praktische Umsetzung

Aufgabe

1. Beschreiben Sie die abgebildete Schneidearbeit auf Seite 78 unten.

2. Sammeln Sie Informationen über Leben und Werk des Künstlers.

3. Matisse analysierte den Zustand, in dem er seine Werke schuf, so: „In der Kunst beginnt das Wahre, das Reale, wenn man nichts mehr von dem versteht, was man macht, was man weiß, und wenn in einem eine Energie wohnt, die einfach zu stark ist, als dass sie sich hemmen, verdrängen oder einschnüren ließe. (…) Dann muss man alles Erreichte hinter sich lassen und sich seine Instinkte wach gehalten haben." (Neret, 2006, S. 229)
Können Sie einen Bezug herstellen zwischen dieser Aussage und der gestalterischen Arbeit mit Menschen mit Behinderung?

4. Fertigen Sie eine freie Schneidearbeit an, indem Sie mit unterschiedlichen Papieren zu einem Thema arbeiten.

Gerissene, geschnittene oder gelochte Papierfragmente lassen sich auf einer Grundfläche in einem freien Formenspiel zu einer eigenen Komposition arrangieren.

Papier kleben

In der gestalterischen Arbeit mit Menschen mit Behinderung hat das freie Formenspiel mit Papierfragmenten einen besonderen Stellenwert. Vorhandene Bilder besitzen meist einen großen Aufforderungscharakter und regen zum Gestalten und Umstrukturieren an.
Die vielfältigsten Papiersorten lassen sich verwenden und kombinieren (vorbehandelt oder im Originalzustand) und schaffen Raum für Materialerfahrungen und das Einbringen eigener Ideen. Collagen lassen sich auch thematisch aufarbeiten, z. B. können in einer Art Spurensammlung Papierstücke aus dem Alltagsleben (Eintrittskarten, Briefe etc.) auf einer Grundfläche miteinander kombiniert und arrangiert werden.

Kapitel 4 | Gestalten mit Papier

Die Collage (franz. Papiers colles = geklebtes Papier) ist ein künstlerisches Stilmittel, welches bereits zu Beginn des Jahrhunderts durch Arbeiten von Pablo Picasso und Georges Braque bekannt wurde, heute bezeichnet der Begriff ganz allgemein das aus Fragmenten Zusammengefügte.

Anregung

Die Berliner Künstlerin Hannah Höch beginnt im Jahre 1919, alle möglichen Fotos zu zerschneiden und sie zu neuen Bildern zusammenzufügen. Sie gilt als einzige deutsche Dadaistin.

Hannah Höch, ‚Meine Haussprüche', 1922, Collage auf Pappe, Berlinische Galerie, Berlin

Aufgabe

1. Informieren Sie sich über Leben und Werk der Künstlerin.

2. „Ich möchte die festen grenzen verwischen, die wir menschen-selbstsicher – um alles uns erreichbare zu ziehen geneigt sind. […] Ich möchte weiter den hinweis formen, dass es außer deiner und meiner anschauung und meinung noch millionen und abermillionen berechtigter anderer anschauungen gibt." (Hannah Höch, 2002, S. 178)
Erläutern Sie vor dem Hintergrund dieser Aussage den Grundgedanken des Dadaismus und versuchen Sie, einen Bezug zur gestalterischen Arbeit mit Menschen mit Behinderung herzustellen.

3. Sammeln Sie nach Art der Spurensicherung Papierspuren, die etwas über Sie selbst bzw. Ihren Lebensweg aussagen. Verwenden Sie konkrete Zeichen (Kinokarte, Merkzettel …) und manipuliertes Papier, welches Sie zuvor nach Ihren Vorstellungen bearbeiten. Stellen Sie die Ergebnisse im Klassenverband vor, begründen Sie die Wahl von Materialien und Techniken.

4. In einer Einrichtung der Behindertenhilfe soll ein großes Fenster dekoriert werden. Sie betreuen zwei BewohnerInnen mit armbetonter Hemiplegie, es stehen Transparentpapier und Seidenpapier in verschiedenen Farben und Kleister zur Verfügung. Welche gestalterischen Möglichkeiten ergeben sich? Welche organisatorischen Aspekte müssen Sie berücksichtigen? Planen Sie schriftlich in einzelnen Schritten.

Praktische Umsetzung

Anregung: Hans Arp nutzte in vielen seiner Arbeiten das Prinzip des Zufalls, um den Mythos vom Künstlerindividium zu unterlaufen. Um 1917 entstand so eine ganze Reihe von Collagen, bei denen eine Zufallskonstruktion zur Ausgangssituation künstlerischer Klebearbeiten wurde.

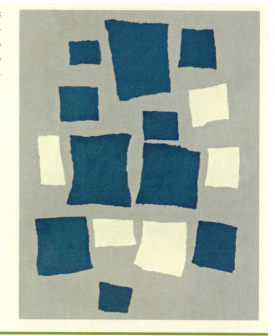

Hans Arp, Collage nach den Gesetzen des Zufalls geordnet, 1916–17

Aufgabe:

1. Was bedeutet das Prinzip des Zufalls Hans Arp in seiner künstlerischen Arbeit?

2. Sammeln Sie Informationen über Leben und Werk des Künstlers.

3. Entwerfen Sie in ähnlicher Weise eine Collage, indem das Prinzip des Zufalls zum Ausgangspunkt für eine weitere gezielte Gestaltung werden lassen.

Anregung: Kurt Schwitters begann um 1920, in seinen Merzbildern Zeitungsausschnitte, Stanniolpapier, Stofffetzen u. a. zu kombinieren. Er sammelte sogar auf der Straße nach Abfällen, um sie später in seinen Werken zu verarbeiten.
Nach dem Ende des Krieges hatte er die traditionelle Malerei aufgegeben und sie durch Materialcollagen ersetzt, die er allerdings stets mit der Malerei kombinierte.

Kurt Schwitters, Merzbild 25A, 1920

81

Kapitel 4 | Gestalten mit Papier

Aufgabe

1. Beschreiben Sie den Bildaufbau und versuchen Sie, einzelne Materialien zu benennen, die Schwitters verarbeitet hat.

2. Lesen Sie in der Fachliteratur über Leben und Werk des Künstlers und erläutern Sie den Begriff „Merzbild".

3. Sammeln Sie Abfallmaterialien und stellen Sie sie in einer angemessenen Komposition auf dem Bildgrund zusammen. Kombinieren Sie die befestigten Materialien mit Malerei.

4. Was lässt sich Ihrer Meinung nach über den Einsatz dieser Technik in der gestalterischen Arbeit mit Menschen mit Behinderung sagen?

Eine besondere Form der Collage ist die Rollage, die auf dem streifenförmigen Zerschneiden oder Zerreißen von Bildern beruht. Die Einzelteile werden dann verschoben, gedreht oder gemischt wieder zusammengeklebt.

Papier schöpfen

„Beim Papierschöpfen wird ein Brei aus aufgeweichten und in Wasser zerquirlten Papierresten, den man Pulpe nennt, portionsweise in ein Wasserbad gegeben und mit einem feinmaschigen Sieb behutsam abgeschöpft. Dabei verteilt sich die Pulpe gleichmäßig auf dem Sieb. Diese flach verteilte Pulpe wird nun auf Fließtücher oder Filze gepresst und zu einem Bogen Papier trocknen gelassen. Durch Verwendung verschiedenfarbiger Pulpe, überlappendes Abpressen verschiedener Blätter oder durch Einlegen von Mustern, Wasserzeichen oder auch Naturmaterialien, wie z. B. Gräsern, lassen sich die selbstgeschöpften Papiere in gewissem Rahmen kreativ gestalten.

Der unmittelbare Hautkontakt mit Wasser, Pulpe, Fließtüchern, Naturmaterialien und getrockneten Papieren wirkt taktil stimulierend und eignet sich daher besonders zur Behandlung von Sensibilitätsstörungen der Hände. (…)

Ein anderer therapeutischer Schwerpunkt liegt im psychiatrischen Bereich. Beim Papierschöpfen handelt es sich um einen leicht überschaubaren und dennoch abwechslungsreichen Arbeitsablauf: Pulpe herstellen, im Wasserbad verteilen, mit Sieb schöpfen, auf Fließ abgautschen, kreativ gestalten, nach dem Trocknen bügeln und weiterverarbeiten. Bei leichter Antriebssteigerung und Agitiertheit wirkt besonders das behutsame Schöpfen in kühlem Wasser beruhigend. Bei leichter Antriebsminderung hingegen wirkt das vielfältige Hantieren sanft anregend."
(Keller, 2001, S.186)

Aufgabe

1. Fertigen Sie einen Schöpfrahmen an und experimentieren Sie zum Thema „Papierschöpfen":
   - Sammeln Sie Altpapier in unterschiedlichen Farbnuancen (besonders wirkungsvoll sind auch violette Pappverpackungen von Äpfeln o. Ä.)
   - Setzen Sie der Pulpe Seidenpapier zu.
   - Erproben Sie den Zusatz von Naturmaterialien wie Gräser, Blüten etc.
   - Gestalten Sie mit den selbst geschöpften Papieren Briefpapier, Tüten etc.

2. Stellen Sie fest, ob in einer Ihnen bekannten Einrichtung für Menschen mit Behinderung ein derartiges Angebot durchführbar wäre. Welche Möglichkeiten der Realisation sehen Sie
   - für Menschen mit Hemiplegie?
   - für junge Menschen mit geistiger Behinderung?
   - für Menschen mit Demenz

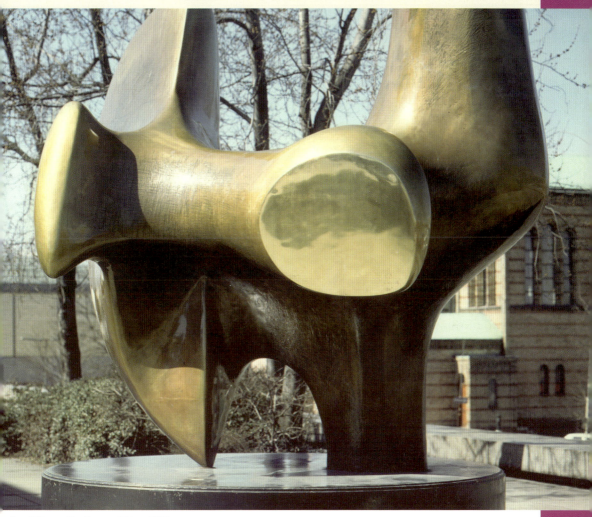

Henri Moore, Der Bogenschütze, 1964

5 Dreidimensionales Gestalten

- Betrachten Sie die Abbildung. Beschreiben Sie die äußere Form. Wie könnte sich das Objekt anfühlen? Welche Materialien wurden wohl verwendet? Welchen Titel würden Sie dem Objekt geben? In welcher Zeit könnte es entstanden sein? Diskutieren Sie die Fragen in Gruppenarbeit und tragen Sie die Ergebnisse im Plenum vor.

- Suchen Sie ein dreidimensionales Kunstobjekt in Ihrer näheren Umgebung. Recherchieren Sie den Entstehungsprozess. Welche Materialien wurden verwendet, aus welchem Grund wurde das Objekt an der ausgewählten Stelle platziert?

Kapitel 5 | Dreidimensionales Gestalten

Von der Fläche zum Körper

Während das Malen, Zeichnen und Drucken als flächenhaftes Gestalten zu verstehen ist und sich über eine Ebene mit zwei Richtungen erstreckt, dehnt sich das körperhafte Gestalten in drei Richtungen aus: in Länge, Breite und Höhe.

Damit ist eine stark qualitative Veränderung verbunden, die entstehenden Objekte sind nicht länger flächig-illusionistisch, sondern befinden sich habhaft in der gleichen Realitätsebene wie der Formende. Der hohe Wirklichkeitsgrad im Umgang mit „greifbarer" Materie ermöglicht einen viel direkteren Zugang als das Zeichnen oder Malen.

Die Tätigkeiten sind dementsprechend direkt: Formen, Zupacken mit den Fingern, Tasten, Befühlen, Drücken, Quetschen, Streichen. Der Tastsinn und das haptisches Empfinden werden unmittelbar angesprochen. Dies sind Bereiche der menschlichen Sinneswahrnehmung, die beim körperhaften Gestalten besonders entfaltet werden können. Der unmittelbare Kontakt schafft Möglichkeiten, eine ganz besondere Beziehung zum Material, zu der daraus entstehenden Auseinandersetzung und schließlich zum gestalteten Objekt aufzubauen.

Die Methoden dreidimensionalen Gestaltens, die in der gestalterischen Arbeit mit Menschen mit Behinderung zur Anwendung gelangen können, sind vielfältig. Im engeren Sinne unterscheidet man:

1. Plastik
(griech. plastein = bilden, formen)

Weiche Materialien werden aneinandergefügt und bilden einen Körper. Das Objekt wird modelliert, d. h. im additiven Verfahren bearbeitet.

Als Werkzeuge dienen in erster Linie die Hände, ggf. können Modellierwerkzeuge eingesetzt werden.
Als Materialien bieten sich hier für Menschen mit Behinderung an:
- Werkstoff Ton
- Werkstoff Pappmaschee
- Werkstoff Gips

Niki de Saint-Phalle, Nana

2. Skulptur
(lat. Sculpere = meißeln, schnitzen)

Aus festem Material wird ein Bildwerk herausgehauen. Das Material wird im subtraktiven Verfahren bearbeitet, d. h. abgetragen. Die Werkzeuge werden je nach Material ausgewählt.

In der gestalterischen Arbeit mit Menschen mit Behinderung haben sich folgende Materialien bewährt:
- Werkstoff Gips
- Werkstoff Holz
- Werkstoff Stein (Ytong, Speckstein[1])

Michelangelo Buonarotti, Moses, Ausschnitt aus dem Grab Julius II. in Rom, 1513–15

---

[1] *In Bayern ist die Verwendung von Speckstein in der Arbeit mit behinderten Menschen nicht gestattet.*

Werkstoff Ton

3. Objektkunst

Reale Gegenstände oder Gegenstandsteile, Natur- oder Gebrauchsgegenstände, gefundene, gesuchte, gesammelte oder ausgewählte, werden mehr oder weniger bearbeitet und verändert, um dann direkt oder als Abdruck bzw. Abguss zum Träger künstlerischer Bedeutung zu werden.

Hier bieten sich an:
- Objekte sammeln und zusammenfügen (Assemblagen)
- Objekte verhüllen
- Objekte verändern oder verfremden

Arman, Paradoxe du temps, 1961

Als Werkzeuge dienen einfache Montagewerkzeuge wie Hammer, Nägel, Schraubendreher, Draht, Klebstoffe usw.)

Aufgabe

1. Welche Beispiele für dreidimensionale, d. h. körperhafte Kunst kennen Sie? Sammeln Sie Informationen über Skulpturen, Plastiken und Objektkunst aus der Kunstgeschichte und stellen Sie die Werke und Künstler der Klasse vor.

2. Welche praktischen Erfahrungen haben Sie mit dreidimensionalem Gestalten gemacht? Was war der Anlass und welche Materialien und Werkzeuge haben Sie verwendet? Wie haben Sie sich gefühlt? Arbeiteten Sie lieber auf der Fläche oder bevorzugten Sie körperhaftes Gestalten? Begründen Sie Ihre Aussage.

3. Berichten Sie über praktische Erfahrungen, die Sie im Zusammenhang mit dreidimensionalem Gestalten im Rahmen eines Praktikums in einer Einrichtung der Behindertenhilfe gemacht haben. Welche Menschen waren beteiligt? Welche Materialien und Werkzeuge wurden verwendet? Welcher Gestaltungsanlass bestand? Welche organisatorischen Bedingungen mussten Sie berücksichtigen? Mit welchen Schwierigkeiten mussten Sie fertigwerden? Was hat Ihnen besonders gefallen/nicht gefallen?

Im Folgenden sollen verschiedene Möglichkeiten dreidimensionalen Gestaltens im Umgang mit Menschen mit Behinderung skizziert werden. Im Vorfeld erhalten Sie jeweils einige Informationen über das Material und die Werkzeuge, die zur Anwendung gelangen.

5.1 Werkstoff Ton

Aufgabe

1. Haben Sie als Kind gerne im Sandkasten gespielt? Warum haben Sie das gerne gemacht, wie haben Sie sich dabei gefühlt? Welche Situationen erinnern Sie, in denen Sie mit plastischen Materialien geformt haben? Tauschen Sie Ihre Erfahrungen untereinander aus.

2. Füllen Sie eine Schüssel mit Sand oder Erde und geben Sie etwas Wasser hinzu. Lassen Sie Ihre Hände in der Masse wühlen, kneten, tasten. Was fühlen Sie? Sprechen Sie über Ihre Empfindungen.

3. Berichten Sie über gestalterische Angebote mit Ton, die Sie in der gestalterischen Arbeit mit Menschen mit Behinderung kennengelernt haben. Wie sahen diese Aktivitäten aus, welche Personen waren beteiligt, welche Zielsetzungen können Sie formulieren? Vergleichen Sie im Plenum.

Kapitel 5 | Dreidimensionales Gestalten

5.1.1 Theoretische Zusammenhänge

Plastisches Gestalten mit Ton

Kaum ein anderes Material bietet sich für das plastische Gestalten, also für das Formen von weichem Material, besser an als Ton. Ton ist Erde, deren nachgiebige Substanz das sinnhafte Ertasten anregt und die taktile Sensibilität weckt.

Diese Erfahrungen werden durch die Vielfältigkeit des Materials begünstigt: Geschlämmter, nasser Ton ist klebrig und für das Manschen und Schmieren in dieser Konsistenz besonders geeignet. Feucht lässt sich Ton verformen, gestalten, drehen oder stanzen. Feuchter Ton ist immer gefügig, es entsteht etwas und das Entstandene kann wieder verschwinden. Der Mensch mit Behinderung erlebt seine Umwelt dynamisch und kann sich selbst in ihr als formgebend erfahren. Dabei sind unbestimmte Andeutungen ebenso möglich wie klare, endgültige Formen und feinste Ausdifferenzierungen. Selbst schwerstbehinderte Menschen können sich in diesem Zustand zwischen Anpassung und Widerstand als Gestaltende erleben, das Spüren und Erspüren der räumlichen Ausdehnung macht Auseinandersetzung möglich und trägt dazu bei, dass sich der Formende mit diesem Erlebnis identifizieren kann.

So regt Ton zum Experimentieren und zum kreativen Spiel mit den Händen an. Ein Schwerpunkt liegt dabei im Erkunden seiner spezifischen Eigenschaften durch die Hand. Ein weiterer Schwerpunkt liegt im Bereich der verschiedensten Handfertigkeiten und der Schulung der Auge-Hand-Koordination.

In trockenem Zustand ist Ton hart und zerbrechlich, kann aber geritzt und geschliffen werden. Unverarbeitete, ausgetrocknete Tonklumpen lassen sich mit Wasser aufschlämmen und werden wieder zu formbarer Masse.

Unter den plastischen Materialien besitzt Ton in der Gestaltungsarbeit mit behinderten Menschen gewiss einen hohen Stellenwert. Knetmassen aus Kunststoff enthalten bisweilen Schwermetalle, wie sie zur Farbherstellung benötigt werden, oder chemische Substanzen, welche die Geschmeidigkeit gewährleisten, das Haften von Teilen aneinander, das Austrocknen und Härten fördern. Unter wirtschaftlichen Gesichtspunkten ist zu bemerken, dass Ton viel preiswerter ist als andere plastische Materialien. Schließlich sei noch erwähnt, dass Ton ein sauberer Werkstoff ist, in trockenem Zustand ist er wie Staub zu entfernen und das Reinigen von Arbeitsplätzen ist bei Ton sehr viel unproblematischer als bei Knetmassen, die im Handel angeboten werden.

Material

Ton entsteht durch Verwitterung und Abtragung der Erdoberfläche, er wird entweder im Tagebau (bei geringer Tiefe) oder im Schachtbau (bei tiefen Lagerstätten) gewonnen und kommt in fast allen Teilen Deutschlands vor, besonders in der Eifel, im Harz und im Westerwald. Ton ist zunächst von feinsten Gesteinsresten, Kalk und Eisen durchsetzt und damit noch nicht plastisch genug. Durch Reinigung, Zufügung von Sand, ggf. Schamotte (gebrannte Tonteilchen) und Wasser wird er aufbereitet und in Batzen geformt, man erhält ihn in Bastelgeschäften, Töpfereien oder Ziegeleien.

Die im Handel erhältlichen Tonmassen unterscheiden sich sowohl in der Farbe als auch in ihrer Zusammensetzung, was entscheidend ist für die Bearbeitung und den Fertigungszweck.

Die Rohfarbe des Tons rührt von unterschiedlichen Oxydspuren her und entspricht nicht immer seiner Brennfarbe. Ockerfarbener Ton ist reich an Eisenoxyd und wird nach dem Brennen rot, dunkelbrauner Ton enthält viel Manganoxyd und wird nach dem Brennen braun, weißer Ton bleibt nach dem Brennen weiß, weil er nicht durch Oxydverunreinigungen geprägt ist, man nennt ihn auch Kaolin.

Je nach körnigen Bestandteilen unterscheidet man

- fette Tone, die glatt und weich sind und nur einen geringen Schamotteanteil aufweisen, sie werden überwiegend zum Töpfern an der Drehscheibe verwendet und haben für die gestalterische Arbeit mit behinderten Menschen weniger Bedeutung

- magere Tone sind durch einen höheren Schamotteanteil spürbar körniger; da sie durch mehr Festigkeit Formstabilität gewährleisten, besitzen schamottierte Magertone bei der gestalterischen Arbeit mit behinderten Menschen eine Vorrangstellung.

Werkstoff Ton

> **Merke**
>
> *Ton muss feucht, kühl und vor allem luftdicht aufbewahrt werden. In gut verschlossenen Plastikeimern, zugebundenen Plastiktüten oder gar in sogenannten Tonwagen kann er fast unbegrenzt gelagert werden. Um die Luftfeuchtigkeit zu sichern, können gerade bei größeren Behältern feuchte Lappen und Schwämme den Ton vor dem Austrocknen bewahren.*

Zu hart gewordenen Ton schlägt man in feuchte Tücher ein und bewahrt ihn in einem verschlossenen Plastikeimer auf, bis er wieder für den Gebrauch geeignet ist. Ausgetrockneter Ton oder zerbrochene (trockene) Tonarbeiten werden mit einem Hammer zerkleinert, in einen eigenen Behälter gegeben, mit Wasser vermengt, gründlich durchgeknetet, geschlagen und erneut verwendet.

Trocknen, Brennen, Glasieren

Gestaltete Tonobjekte müssen langsam trocknen, etwa 10 Tage lang in einem normal temperierten Raum, ohne Luftzug, am besten in offenen Regalen. Mit fortschreitendem Trocknungsprozess wird der Ton heller, härter, leichter und auch kleiner (Schwindung). Während der Trockenphase sollten die Arbeiten immer wieder gewendet werden, da die Feuchtigkeit nach unten abzieht. So wird ein gleichmäßiges Durchtrocknen erreicht. Unregelmäßig dicke Tonobjekte neigen zu Rissen, da der Trocknungsvorgang unterschiedlich rasch vonstatten geht und dadurch Spannungen im Material erzeugt.
Wird Ton dicker als 2 cm modelliert, sollten mit einem Stäbchen Löcher eingestochen werden, damit das Objekt gut durchtrocknen kann, eingeschlossene Luft ggf. entweicht und die Modellage nicht beim Brennen platzen kann.

Tonobjekte können nach dem Trocknen in unterschiedlicher Weise farblich gestaltet werden. Die einfachste Art besteht darin, sie mit Plaka- bzw. Abtönfarbe anzumalen. Dies bietet sich an, wenn die Objekte aus irgendwelchen Gründen nicht gebrannt werden sollen oder können (evtl. weil sie sonst platzen würden). Es muss jedoch darauf hingewiesen werden, dass ungebrannter Ton verwundbar ist und leicht zerbrechen kann.
Engoben, das sind feine, mit Oxyden gefärbte Tone, die nach dem ersten Brand farbig und glanzlos einbrennen, werden ebenfalls dickflüssig mit dem Pinsel auf den lederharten, d.h. ungebrannten Ton (Modellage) aufgetragen.

Der erste Brand wird Roh- oder Schrühbrand genannt, die getrockneten Tonteile dürfen sich berühren und können ineinander- und aufeinandergestapelt werden. Der Schrühbrand wird – je nach Zusammensetzung des Tons – zwischen 700 und 1200 Grad Celsius durchgeführt. Nach dem ersten Brand ist der Ton zwar erhärtet, aber noch luft- und wasserdurchlässig. Roh gebrannter Ton heißt Terrakotta (ital. „gebrannte Erde") oder auch Scherben.

Wenn ein Werkstück wasserundurchlässig gemacht werden oder einen farbigen Überzug erhalten soll, wird nach dem Schrühbrand eine Glasur aufgetragen. Glasuren werden in Pulverform angeboten und mit Wasser zu einer dosenmilchartigen Konsistenz aufgeschlemmt, ggf. muss das Pulver zunächst durchgesiebt werden, um eine gute Pigmentverteilung zu erreichen. Der Glasurauftrag ist durch Aufpinseln, Ausschwenken, Begießen und durch Tauchen möglich, es gibt glänzende und matte Glasuren.

Beim zweiten Brand, dem Glatt- oder Glasurbrand dürfen sich die einzelnen Teile nicht berühren, weil sie sonst zusammenbacken. Die Stellfläche des Objektes sollte aus diesem Grund glasurfrei gehalten werden, darüber hinaus werden glasierte Teile auch auf Keramik-Dreifüße gestellt. Der Glasurbrand wird bei ca. 1040 – 1100 Grad Celsius durchgeführt.

Werkzeuge

Das natürlichste und vielseitigste Werkzeug für die Bearbeitung von Ton ist die Hand. Gerade die Tatsache, dass Ton ein unmittelbar erfahrbarer Werkstoff ist, macht ihn für die gestalterische Arbeit mit behinderten Menschen so unentbehrlich (s.o.).
Weitere Hilfsmittel können beim Gestalten mit Ton zur Anwendung kommen:

- Schneidedraht, d.h. ein Stück Draht, welches an den Enden mit zwei Holzknebeln verknotet ist, zum Abschneiden von Tonstücken und -platten

- verschiedene Modellierhölzer, selbst geschnitzt oder fertig gekauft, zum Gestalten und Verstreichen der Tonfläche an schwer zugänglichen Ecken und Höhlungen

Kapitel 5 | Dreidimensionales Gestalten

- Schwamm, feuchtes Tuch zum Glattstreichen der Tonoberfläche bzw. Feuchthalten des Tons
- ggf. ein ausrangiertes Nudelholz zum Auswalzen des Tons

Da Ton den ganzen Körper und all seine Sinne fordert, muss bei der gestalterischen Arbeit mit Ton darauf geachtet werden, dass genügend Platz vorhanden ist. Das Zurücktreten vom Werkstück sollte ebenso möglich sein wie eine kraftvolle Auseinandersetzung mit dem Material, indem der Ton geschlagen, geknetet und gewalzt wird – meist gelingt das im Stehen besser als im Sitzen.

Die Arbeitsfläche sollte abgedeckt werden. Eine unbehandelte Holzplatte als Unterlage gewährleistet, dass der Ton nicht so schnell klebenbleibt, da das Holz die Feuchtigkeit aufnehmen kann. Wenn die Bretter mit Schraubzwingen am Tisch befestigt werden, können sie bei der Arbeit nicht so schnell verrutschen. Eine Schale mit Wasser sollte ebenfalls bereitstehen. Beim Experimentieren, Schmieren, Manschen sollte großzügig davon Verwendung gemacht werden, bei den gestalterischen Tätigkeiten sollte nicht zu nass gearbeitet werden, damit beim Trocknen keine Risse entstehen.

Für die Weitergestaltung der Tonobjekte mit Engoben und Glasuren benötigt man Pinsel und Gefäße zum Anrühren.

> **Aufgabe**
>
> 1. Tun Sie sich zu zweit zusammen, Ihr Partner verbindet Ihnen die Augen und reicht Ihnen ein Stück Ton. Sie sollen den Ton ‚blind' formen und bearbeiten. Was fühlen Sie? Versuchen Sie, Ihre Empfindungen in Worte zu fassen, Ihr Partner macht sich Notizen. Jeder Schüler soll sich dem Material auf diese Weise nähern, tauschen Sie im Anschluss Ihre Eindrücke aus.
>
> 2. „Wenn Ton aus der pädagogischen Arbeit verdrängt wurde, hängt das wohl damit zusammen, dass er wegen seiner erdigen Konsistenz mit ‚Schmutz' assoziiert wird." (H. Steiner, 1992, S. 104) Welche Bedenken im Hinblick auf Hygiene halten Sie vor dem Hintergrund Ihrer praktischen Erfahrungen in Einrichtungen der Behindertenhilfe für möglich? Scheuen die Menschen mit Behinderung den Kontakt mit „dreckigem Material" oder eher das Betreuungspersonal? Diskutieren Sie diese Frage und machen Sie Ihren eigenen Standpunkt deutlich.
>
> 3. Sie wollen mit einer Gruppe von jungen Erwachsenen mit cerebralen Lähmungen in den Armen und Händen mit Ton arbeiten. Welche organisatorischen Voraussetzungen müssen Sie bedenken, damit das Vorhaben gelingt? Denken Sie an die Ausstattung der Räumlichkeiten und an die individuellen Voraussetzungen der Zielgruppe.

5.1.2 Praktische Umsetzung

Die gestalterische Ausdrucksform bei der Arbeit mit Ton ist innerhalb jeder dargestellten Technik natürlich sehr unterschiedlich, da sie in engem Zusammenhang mit den individuellen Voraussetzungen und Möglichkeiten des Schaffenden steht.

An erster Stelle steht zunächst grundsätzlich die Aufbereitung des Tones, d.h. durch Reißen, Schlagen und Stauchen wird das Tonstück gleichmäßig durchgeknetet. Diese sehr lustbetonte und spannungslösende Tätigkeit dient der ersten Materialerfahrung, darüber hinaus wird der Ton homogen und frei von Lufteinschlüssen, sodass er später beim Brennen nicht platzt.

Tonschlamm

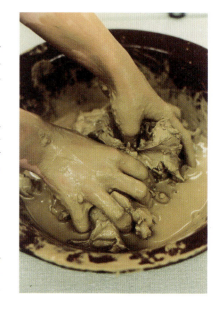

Material: Tonmehl, Plastikschale bzw. -wanne
Das Tonmehl wird in eine Plastikschale gegeben und unter Zugabe von Wasser mit den Händen zu einem Schlickerbrei verrührt. Die Hände können in dem Brei bewegt werden, einzelne Finger eingetaucht und wieder herausgezogen wer-

den, die Arme können eingeschmiert und unter fließendem Wasser wieder abgespült werden, gar das Antrocknen des Schlammes auf der Haut kann eine spezifische Wahrnehmung initiieren. Auf vielfältige Weise kann der behinderte Mensch so taktil-kinästhetische Erfahrungen machen.

In einer Wanne können die Füße in Schlicker getaucht werden, wenn man über entsprechende Räumlichkeiten verfügt, lässt sich diese Aktivität zu einer ganzkörperlichen Erfahrung ausweiten. In einem Schlammbad werden Bewegungen deutlich spürbar, das Senken und Heben von Gliedmaßen, das Drücken und Fließenlassen von Tonschlamm wird zu einer besonderen somatischen Anregung.

Tonklumpen

Auch der feste Ton regt zu vielfältigen manuellen Tätigkeiten an, gänzlich ohne formale Vorgaben oder Zielsetzungen kann es primär darum gehen, das Material zu formen und zu erfahren:
Den Ton mit beiden Händen oder einer Hand festhalten, das Gewicht spüren, mit den Händen oder einzelnen Fingern Druck ausüben, den Ton verformen, Spuren ziehen und schieben im Ton, viel oder weniger Wasser dazugeben, einzelne Körperteile in ausgewalztem Ton abdrücken usw.

Über den Umgang mit dem Material hinaus lassen sich aus dem Tonklumpen bereits einfache Gestaltungsversuche ableiten:

- Von dem Klumpen lassen sich einzelne Teile abzupfen, die dann zu einem Objekt aufschichtet oder kombiniert werden können; dieser einfache Ansatz beruht auf dem Dreifingergriff und vermag durch gezieltes Greifen, Festhalten und Loslassen die feinmotorischen Fähigkeiten sowie die Auge-Hand-Koordination zu trainieren.

- Von dem Tonklumpen gezielt einzelne Stücke abreißen und als Kugel formen, aus der Kugel eine Walze entwickeln, die Walze dünner werden lassen.

- Der Tonklumpen lässt sich flachdrücken und als Fladen durch Schieben, Drücken und Ziehen reliefartig weitergestalten.

- Mit geschlossenen Augen wird die bewusste Kontrolle herabgesetzt, das haptische Erleben geschieht noch unmittelbarer und kann an frühere Erfahrungen anknüpfen.

- Aus dem Tonklumpen lassen sich ganz individuelle Formen entwickeln, d.h. ohne genaue Zieldefinition macht sich der Schaffende auf die Suche nach dem, was in seinem Stück Ton enthalten ist.

- Übungen, in denen jeder ein Objekt gestaltet, können als Gruppenübung weiterentwickelt werden (ein gestaltetes Stück Ton weiterreichen, zu zweit an einem Tonstück arbeiten).

Figürliches Gestalten

Es sei an dieser Stelle noch einmal darauf hingewiesen, dass es nicht um eine möglichst konkrete Darstellung gehen darf, sondern dass die Originalität und der persönliche Ausdruck des Tonobjektes im Vordergrund stehen.

Tonfiguren lassen sich aus einem Klumpen oder Block entwickeln, meistens vollzieht sich das figürliche Gestalten jedoch in additiver Weise, d.h. unterschiedliche Teile werden vorgeformt und dann zu einem Ganzen zusammengesetzt.

Kapitel 5 | Dreidimensionales Gestalten

Wichtig ist in diesem Fall, dass die einzelnen Teile gut miteinander befestigt werden: hierzu die jeweiligen „Nahtstellen" aufrauen, mit Schlicker bestreichen, die Teile aneinanderdrücken und verstreichen, evtl. dünne Tonringe um die Nahtstelle legen und verstreichen.

Zu feingliedrige und weit abstehende Teile sind beim figürlichen Gestalten mit Ton zu vermeiden, sie brechen spätestens beim Brennen weg, weil sich infolge der großen Massenunterschiede (z. B. dicker Körper, dünne abstehende Arme) Schwindungsunterschiede einstellen, die der Ton von sich aus nicht überbrücken kann und sich dann Risse bilden würden. Günstig erweist es sich, geschlossene Formen zu bilden und auf große Auflageflächen zu achten, damit die Standfestigkeit gewährleistet ist.

Gefäße

Daumenschale
Die einfachsten Tongefäße entstehen, indem eine Kugel mit dem Daumen eingedrückt und durch Drehen in der hohlen Hand zu einer Schalenform ausgeweitet wird.

Aufbautechnik
Eine Tonkugel wird mit der Hand flach gedrückt und mit einem Nudelholz 1–2 cm dick ausgerollt. Nun wird der Boden des Gefäßes mit einem Messer ausgeschnitten. Mit den Händen werden 1–2 cm dicke Tonwülste gerollt und auf der Bodenplatte Schicht für Schicht (Ring für Ring) übereinander gelegt und mit den Fingern verstrichen. Eine Weitung bzw. Verengung des Gefäßes erreicht man, indem man die Tonwülste nach außen oder innen versetzt.
Wenn die Tonringe nur innen verstrichen werden, bleibt ihre eigenwillige Struktur außen erhalten.

Plattentechnik
Der Ton wird mit einem Nudelholz 1–2 cm dick ausgerollt. Mithilfe eines Lineals werden die Platten in der passenden Größe angezeichnet und mit einem Messer ausgeschnitten. Die Bodenplatte wird am oberen Rand mit dem Messer angeraut, ebenso die Seitenplatten an den Stellen, an denen sie auf die anderen Platten stoßen. Die einzelnen Platten werden nun zusammengefügt, dabei werden die Kanten mit Tonschlicker bestrichen, zusammengedrückt und mit dem Finger oder mit einem Modellierholz verstrichen. Das Verstreichen der Nahtstellen ist auch hier für die Stabilität von besonderer Bedeutung.

Die Oberfläche der entstandenen Gefäße kann durch Drücken oder Ritzen ausgestaltet werden. Darüber hinaus können weitere Dekorationen aus Ton aufgesetzt werden. Hier ist darauf zu achten, dass die Ansatzstellen jeweils aufgeraut, mit Schlicker bestrichen und sorgfältig miteinander verbunden werden.
Bei einem lederharten Gefäß (schon ein wenig angetrocknet) können mit einem spitzen Gegenstand Durchbrüche geschaffen werden, indem man kleine Teile vorsichtig herausschneidet.

„Als Pablo Picasso nach dem Zweiten Weltkrieg nach Südfrankreich zog, begann er sich ernsthaft mit Keramik zu beschäftigen. Von diesem Zeitpunkt an bis zu seinem Lebensende bildeten seine Werke aus gebranntem Ton einen bedeutenden Teil seiner künstlerischen Tätigkeit. (…) Ganz alltägliche Keramikobjekte – Krüge, Vorratsgefäße oder Teller – dienten ihm so als Alternative zu Leinwänden (…). Picasso bemalte sie nicht nur, er veränderte auch ihre Oberflächen, indem er tief in den Ton hineingrub oder Material auftrug, um ein Relief zu erzielen."
(Marilyn McCully: Antibes, Vallauris und Picassos Keramiken, in: Pablo Picasso – Lebensfreude, Ausstellungskatalog, Graphikmuseum Pablo Picasso Münster, Deutscher Kunstverlag, München-Berlin, 2007, S. 53–58)

Werkstoff Ton

Pablo Picasso, Arbeiten auf Keramik, Teller mit Kopf eines Ziegenbocks

Aufgabe

1. Tragen Sie Informationen über Leben und Werk des Künstlers zusammen, berücksichtigen Sie dabei besonders seine Schaffensphase in Antibes.
2. Diskutieren Sie, inwiefern die Werke Picassos auch für die gestalterische Arbeit mit Menschen mit Behinderung von Bedeutung sein könnten.
3. Formen Sie einen Teller aus Ton und gestalten Sie ihn mit einem Tiermotiv Ihrer Wahl.

Platten

Die bereits oben angedeutete Möglichkeit, Ton als Fladen zu gestalten, lässt sich noch weiter differenzieren: Ein Tonklumpen wird mit dem Handballen platt gedrückt bzw. mit einem Rollbesteck ausgerollt und mit einem Messer in Form geschnitten. Die so entstandene Platte kann vielfältig zum Relief gestaltet werden, d. h. mehr oder weniger stark treten Formen und Figuren aus der Fläche hervor. So lässt sich diese durch Fingerspuren gliedern, d. h. durch Drücken, Schieben und Ziehen mit den Fingern. So lassen sich mit Modellierhölzern oder mit verschiedenen Hilfsmitteln (Bleistift, Nagel, Naturmaterialien) Strukturen eindrücken und ritzen. Mit einem Messer können Tonstücke aus der Platte herausgehoben oder geschnitten werden. Ebenfalls können einzelne „vorgestaltete" Tonteilchen (Kugeln, Wülste, Blätter ...) aufgesetzt, fest angedrückt und verschmiert werden.

Anregung

Ein von Karl-Heinz Menzen, Professor für Pädagogik mit dem Schwerpunkt „Altern und Behinderung unter Einbeziehung von Aspekten ästhetischer Bildung" an der KFH Freiburg skizziertes Beispiel aus der Praxis soll das motorisch verspannte, eingeschränkte und stereotype Bewegungsmuster durchbrechen. Auch hier lässt sich die Förderung aus dem Charakter des Materials selbst zwanglos ableiten.
„Fetter oder wenig fetthaltiger Ton, der sich mit den Fingern und Händen mehr oder weniger (je nach vorliegender Bewegungsstarre) anpasst, ist das Ausgangsmaterial. Während sich der fettige Ton geschmeidig und gut formbar verhält, ist der magere Ton eher rau, weniger plastisch und reißt leicht ab. Die Tonmasse wird mit einem Draht so aufgeteilt, dass jeder Teilnehmer ein Stück erhält. Die Masse wird immer wieder auf den Tisch geschlagen, kräftig durchgearbeitet und geknetet, damit sie konsistenter und geschmeidiger wird. Bei diesem Vorgang, der durchaus etwas Aggressives hat, ruft eine Teilnehmerin plötzlich laut: ‚Ich will nicht mehr früh um 7 Uhr geweckt werden.' Die Psychodynamik des Knetens und Schlagens erinnert

Kapitel 5 | Dreidimensionales Gestalten

> an Wehrlosigkeit und Widerstand. Zuerst wird die Grob-, später die Feinmotorik angesprochen. Die Behinderten sitzen um den Tisch herum, sie rollen die Tonmasse und behandeln sie wie einen Teig, der mit einer leeren Milchflasche ausgewalzt wird. Die entstehende Tonfläche darf nicht zu dünn werden, weil sie nun mit allen nur möglichen Kleinmaterialien bedruckt werden soll – mit Schlüsseln, Tannenzapfen, Plätzchenformen usw. Nach ein paar Tagen Lagerung können die Tonflächen gebrannt werden. Jetzt zeigt sich, ob alle darauf geachtet haben, dass man die Tonplatten nicht zu dünn auswalzen soll."
> **(Menzen, 2001, S. 152)**

Farbliche Gestaltung der Tonobjekte

Tonobjekte können nach dem Trocknen in unterschiedlicher Weise farblich gestaltet werden. Die einfachste Art besteht darin, sie mit Plaka- bzw. Abtönfarbe anzumalen. Dies bietet sich an, wenn die Objekte aus irgendwelchen Gründen nicht gebrannt werden sollen oder können (evtl. weil sie sonst platzen würden). Es muss jedoch darauf hingewiesen werden, dass ungebrannter Ton verwundbar ist und leicht zerbrechen kann.

Ebenfalls dickfüssig mit dem Pinsel auf den lederharten, d.h. ungebrannten Ton (Modellage) aufgetragen werden Engoben, feine, mit Oxyden gefärbte Tone, die nach dem ersten Brand farbig und glanzlos einbrennen.

Die Wirkung der gebrannten Tonobjekte kann durch das Ausgestalten mit einer Glasur gesteigert werden. Glasuren werden in Pulverform angeboten und mit Wasser zu einer dosenmilchartigen Konsistenz aufgeschlemmt, ggf. muss das Pulver zunächst durchgesiebt werden, um eine gute Pigmentverteilung zu erreichen. Der Glasurauftrag ist durch Aufpinseln, Ausschwenken, Begießen und durch Tauchen möglich, es gibt glänzende und matte Glasuren.

Aufgabe

1. Ton ist ein sehr geeignetes Material, um beim Formen Persönliches miteinfließen zu lassen oder auszudrücken. Nehmen Sie ein Stück Ton und formen sie mit geschlossenen Augen eine Kugel. Erspüren Sie Ihre augenblickliche Gefühlsstimmung und versuchen Sie, Ihre Empfindungen in die Tonmaterie einfließen zu lassen. Was empfinden Sie beim Gestalten? Beantworten Sie im Anschluss an die gestalterische Arbeit stichpunktartig folgende Fragen:
   - Wie würden Sie Ihr Objekt beschreiben?
   - Inwieweit lässt sich Ihre Gefühlssituation beim Gestalten auf den Tonklumpen übertragen?
   - Glauben Sie, dass dieser Prozess für Ihre MitschülerInnen nachvollziehbar ist/sein kann? Begründen Sie Ihre Meinung.

2. Bilden Sie Gruppentische, jede Gruppe erhält einen größeren Klumpen Ton, von dem jeder Schüler ein Stück erhält. Schließen Sie Ihre Augen, gestalten Sie ein Tonobjekt nach Ihren Vorstellungen. Erinnern Sie sich dann, wer rechts von Ihnen sitzt. Sie sollen nun Ihren geformten Ton an Ihren rechten Nachbarn geben. Schauen Sie sich an, was Sie weggeben. Erscheint es Ihnen wertvoll? Fällt es Ihnen schwer, Ihr Objekt abzugeben? Glauben Sie, dass Ihr Nachbar Ihr „Geschenk" verstehen bzw. gebrauchen kann? Geben Sie Ihr Objekt nun weiter und empfangen Sie selber. Ertasten Sie mit geschlossenen Augen, was Sie erhalten haben. Was sagt Ihnen das „Geschenk"? Nehmen Sie es gerne an? Versuchen Sie das entgegengenommene Objekt zu gestalten, indem Sie es ergänzen, verändern etc. Sprechen Sie über Ihre Gefühle. Gefällt Ihnen diese Art von Zusammenarbeit? Warum bzw. warum nicht?

Anregung

„Der Sozial- und Psychologische Dienst bietet in Werkstätten, in denen behinderte Menschen ihr Tagewerk verrichten, zusätzliche Beschäftigungen an. Hier wird an einem Beispiel aufgezeigt, wie hilfreich der gestalterische Umgang mit Ton für eine behinderte Frau war.
Ina, 23 Jahre alt, arbeitet seit sechs Jahren in einer Werkstatt für geistig behinderte Menschen. (...) Nach Schulende lernte Ina mehrere Werkstattbereiche kennen und entschied sich dann, in der Druckerei zu arbeiten. Dort fiel sie wegen unkalkulierbarer aggressiver Handlungen gegen Kolleginnen und Kollegen auf.

Die Gruppenleiterin sagte, dass Inas Verhalten aus für Außenstehende nichtigen Anlässen heraus eskalierte. (...) Die Gruppenleiterin wandte sich an den Psychologischen Dienst, worauf wir mit Ina sprachen und sie in die kunsttherapeutische Gruppe aufnahmen.

Ina probierte verschiedene künstlerische Techniken aus. Ihr schien – speziell in aggressiven Phasen – die Arbeit mit Ton besonders gut zu tun. Von der Gruppenleiterin der Druckerei wurde berichtet, dass es Ina schwerfiel, längere Zeit auf ihrem Platz zu sitzen, sich zu konzentrieren und ihre Arbeit zu verrichten. Feinmotorische Tätigkeiten lagen ihr weniger.

Wir stellten für Ina einen hohen Tisch zur Verfügung, an dem sie bei der Bearbeitung des Tons stehen konnte. Durch das Schlagen des Tons und die anschließende Bearbeitung baute sie Aggressionen ab, sie wurde ruhiger und konnte sich auf die anschließenden Tätigkeiten konzentrieren. Aus Gesprächen mit Inas Mutter war ihre Vorliebe für Elefanten bekannt. Ina hatte zu Hause eine Elefantensammlung. Aus dieser Kenntnis heraus fragte ich als Therapeutin Ina, ob sie ein Lieblingstier hätte. Sofort war der Elefant das Thema. Mit ruhiger Hingabe widmete sich Ina der Gestaltung, sie wirkte voll konzentriert und nahm mich als zweite Person im Raum gar nicht mehr wahr. Die Arbeit schien sie zu beruhigen. (...)

Nach einem häuslichen Besuch, bei dem mir die Elefantensammlung vorgestellt wurde, wirkte Ina sehr aufgewühlt. Ich beschloss, keinen Einfluss auf das Thema der Tonarbeit zu nehmen. Ina rollte ein Stück Ton zu einer glatten Fläche, nahm ein Messer und zerschnitt den Ton in viele Teile. Sie schien heute sehr gefangen. Wie ich im Nachhinein erfuhr, war zwischenzeitlich ihre Großmutter, die ihr sehr nahestand und zu der sie eine sehr gute Beziehung hatte, verstorben. Sie nahm einzelne zerschnittene Tonfetzen und schmiss sie in den Raum. Ich fragte sie, ob die einzelnen Tonstücke getrennt liegen sollten oder ob es auch einzelne geben könnte, die zusammengefügt werden sollten. Sie schaute eine Zeitlang an mir vorbei und bat mich dann, ihr beim Zusammenfügen mehrerer Teile zu helfen. Wir rollten gemeinsam aus den restlichen, auf dem Tisch liegenden Tonteilen eine Kugel. Sie lachte, es wurde deutlich, dass sie in dieser Stunde sowohl das Thema Zerstörung als auch den Inhalt Zusammenfügung für sich selbst erlebbar machen konnte."
Tacke, 1999, S. 254 ff.

Aufgabe

1. Zeigen Sie anhand des Beispiels auf, inwieweit gestalterische Arbeit mit Ton zur Verarbeitung von Gefühlen und gedanklichen Prozessen beitragen kann. Worin besteht die heilsame Möglichkeit des Materials?

2. Sind Sie im Rahmen Ihres Berufspraktikums schon mit ähnlichen Verhaltensauffälligkeiten konfrontiert worden? Erwägen Sie gestalterische Angebote mit Ton, die in diesem Zusammenhang realisiert werden könnten. Welche Ziele verfolgen Sie?

5.2 Werkstoff Pappmaschee

Aufgabe

1. Welche plastischen Materialien kennen Sie, die sich für die gestalterische Arbeit mit Menschen mit Behinderung eignen und selber herstellen lassen? Haben Sie mit diesen Materialien bereits gearbeitet? Berichten Sie über Herstellung und Einsatzmöglichkeiten.

2. Haben Sie schon einmal mit Pappmaschee gearbeitet? In welchem Zusammenhang, mit welcher Zielsetzung haben Sie diesen Werkstoff angewandt? Hat Ihnen das Material zugesagt? Halten Sie es für empfehlenswert für die gestalterische Arbeit mit behinderten Menschen? Begründen Sie Ihre Meinung.

Kapitel 5 | Dreidimensionales Gestalten

5.2.1 Theoretische Zusammenhänge

Material

Pappmaschee (franz. „zerkautes" Papier) bezeichnet im eigentlichen Sinne einen Papierbrei, der sich leicht verarbeiten lässt und eine Fülle gestalterischer Möglichkeiten bietet. Alte Zeitungen, auch Eierkartons, werden in Stücke gerissen, in einer tiefen Schüssel mit angerührtem Tapetenkleister eingeweicht und gründlich durchgeknetet, bis eine graue Masse entsteht. Eine bessere Zerfaserung der Grundstoffe ergibt sich, wenn man das eingeweichte Zeitungspapier in einem großen Kochtopf ca. 15 Minuten lang kocht und dabei mit einem Holzlöffel umrührt. Die Effektivität der Modelliermasse wird durch Zugabe von Weißleim und Sägemehl verbessert (ist die Masse zu feucht, fügt man Kleister und Sägemehl hinzu, ist sie zu bröckelig, fehlt noch Leim). Das Pappmaschee ist, sofern es gut verschlossen aufbewahrt wird, einige Tage zu verarbeiten, in jedem Falle sollte die Herstellung von modellierbarem Pappmaschee am Vortag organisiert werden.

Während des Trocknens schwinden die gestalteten Objekte durch den Wasserverlust, manche sehen dadurch schrumpelig aus.

Da das Reißen von Papier körperbehinderten Menschen mit gestörter Greifmotorik Probleme bereiten kann, lässt sich alternativ auch zerschnittenes Papier aus dem Reißwolf als Papiergrundlage verwenden. Das so entstehende Papiermaschee kann sofort angerührt und verarbeitet werden.

Bei einer weiteren Möglichkeit, mittels Pappmaschee zu arbeiten, werden alte Zeitungen in Stückchen gerissen und damit ein sog. Träger (geknülltes Zeitungspapier, Luftballons, Ton, Maschendraht etc.) kaschiert. Der Kleister muss hier ca. 1/2 Stunde vor Beginn der Gestaltungsarbeiten angesetzt werden, damit er gebrauchsfähig ist.

Das Trocknen der Papiermascheeobjekte dauert je nach Kleisterauftrag und Papierschichten ein bis drei Tage. In dieser Zeit sollte das Objekt einige Male gewendet werde, sodass die Auflagefläche wechselt.

Pappmaschee hat einen hohen Aufforderungscharakter und regt damit die Fantasie und die Bereitschaft zur Gestaltung an, der Kraftaufwand beim Kneten des Materials ist gering, weshalb z.B. körperbehinderte Menschen, die nicht über genügend Kraft verfügen, weniger Probleme haben. Als Werkzeuge dienen bei der Arbeit mit Papp- und Papiermaschee in erster Linie die Hände. Ähnlich wie beim Umgang mit Ton sind bei gestalterischen Arbeiten mit Pappmaschee ganz besondere taktile Erfahrungen möglich, anfänglicher Widerwille mit den Händen den Kleister zu verarbeiten, wird meist schnell überwunden.

Der mögliche Einsatz weiterer Werkzeuge steht im Zusammenhang mit dem Trägermaterial. Maschendraht, wie er für ein mögliches Drahtgerüst verwendet wird, unterscheidet sich in der Maschenform, der Maschendichte und in der Oberflächenart – kunststoffbeschichtet oder unbeschichtet. Geschnitten wird Maschendraht mit einer Drahtschere, zum Schutz vor Verletzungen ist es ratsam, Gartenhandschuhe zu tragen.

Durch den anschließenden Überzug mit glasfaserverstärktem Epoxidharz lassen sich beliebig große, robuste Figuren konstruieren, die ggf. auch im Außenbereich einer Einrichtung ausgestellt werden können.

Projekteinblick

Diese Projekt haben Studenten unter Anleitung von Prof. Dr. Karl-Heinz Menzen mit Bewohnern eines Caritas-Heims für geistig behinderte Menschen durchgeführt:

„Ein normaler Tapetenkleister (bei sehr schwer behinderten Menschen, die den Kleister in der Phase des ersten Kennenlernens in den Mund nehmen, muss er garantiert ungiftig sein) animiert dazu, unstrukturiert zu matschen und einfach damit herumzuspielen – aber auch dazu, erste Strukturen mit der Handfläche oder den Fingern zu formen. Als Unterlage dient eine billige Plastikfolie, die am Tisch befestigt ist.
In Kleister eingeweichte Papiermassen, die im Eimer vorbereitet worden sind, werden mit den Händen zu sonderbaren Gebilden geformt, mit denen sich kleine, plastische Figuren herstellen lassen. Später, wenn sie trocken sind, können sie mit ebenfalls ungiftiger Dispersionsfarbe bemalt werden.

Werkstoff Pappmaschee

> Es geht in diesem Beispiel darum, sowohl die Taktilität, also das haptische Greifvermögen der Handfläche und der Finger, als auch die Vestibularität (das Gleichgewichtsverhalten) und die Kinästhetik (die Lage- und Bewegungsempfindlichkeit sowie die Tiefensensibilität) anzuregen. Gerade Menschen mit Down-Syndrom bedürfen dieser taktilen und motorischen Stimulation, da jene Kleinhirnfunktionen, die die Bewegung koordinieren, eingeschränkt sind. Da die elementaren motorischen Fähigkeiten schon intrauterin[1] ab der vierten Lebenswoche entwickelt werden, sind Menschen mit Down-Syndrom vor allem von frühen Entwicklungsstörungen betroffen. Bei geistig behinderten Menschen kommen derartige Störungen gehäuft vor. Die Kleisterübung, auch wenn sie zunächst auf einige Abwehr wegen der Angst vor Schmutz und den damit verbundenen Irritationen stoßen mag, kann zur sinnesphysiologischen Kompensation beitragen; sicherlich bewirkt sie auch eine Desensibilisierung der Verschmutzungsängste." **(Menzen, 2001, S. 150–152)**

Aufgabe

1. Erläutern Sie, inwieweit gestalterisches Arbeiten mit Kleister bei Menschen mit Down-Syndrom zur sinnesphysiologischen Kompensation beitragen kann.

2. Sie wollen in einer Einrichtung der Behindertenhilfe ein gestalterisches Angebot mit Pappmaschee durchführen und stellen fest, dass die Teilnehmer Berührungsängste vor dem Material haben. Was können Sie tun?

3. Rühren Sie in kleinen Schalen Kleister in unterschiedlicher Konsistenz an. Schließen Sie die Augen, erfahren Sie die einzelnen Kleisterproben. Greifen Sie mit der ganzen Hand in den Kleister, drücken Sie das Material zusammen, verstreichen Sie es zwischen den Fingern. Fügen Sie in unterschiedlicher Dosierung kleinstgerissenes Papier und Sägemehl hinzu. Wie fühlen sich die einzelnen Proben an? Welche Unterschiede stellen Sie fest? Würden Sie gerne oder ungern mit Kleister arbeiten? Warum?

5.2.2   Praktische Umsetzung

Modellieren mit Papiermasse

Modellierversuche

Material: Papierbrei, ggf. Dosen, Schachteln, Astholz, Maschendraht

Modellierversuche in kleinem Format sind geeignet, um sich mit der Formbarkeit von Pappmaschee vertraut zu machen. So können vollplastische Formen modelliert werden (vgl. Ton), deren Oberfläche ggf. mit Farbpigmenten eingerieben werden. Mit dem Papierbrei können auch einfache Abfallprodukte wie Dosen, Schachteln aufbereitet werden, indem die Gegenstände mit dem Pappmaschee umkleidet und dieses weitermodelliert wird. Schließlich lässt sich in einfachen Rahmengerüsten (ggf. aus Astholz, das mit einem engmaschigen Draht bespannt wird) Pappmaschee ein- und anarbeiten, wobei die Rahmen nicht vollständig geschlossen werden müssen.

Platten

Material: Papierbrei, Graupappe, Schere

Ein Klumpen Pappmaschee wird auf ein Stück festere Graupappe gesetzt und mit den Händen auseinandergestrichen, sodass eine ca. 2 cm dicke Platte entsteht. Die gewünschte Form der Platte kann bereits durch die Pappe vorgegeben sein oder durch den Auftrag des Pappmaschees geschehen (Überstände können nach dem Trocknen mit der Schere abgeschnitten werden). Die Ränder lassen sich ausgestalten, ggf. aufwölben, sodass ein Tablett oder ein Bilderrahmen entsteht.

Die weitere Gestaltung der Platte kann entweder durch das Erzeugen von Spuren mit dem Finger oder durch das Aufsetzen von weiteren Pappmaschee-Elementen geschehen (vgl. Ton).

---

[1] intrauterin = im Uterus

Kapitel 5 | Dreidimensionales Gestalten

Kaschierarbeiten

Trägermaterial: Zeitungspapier

Geknülltes und gedrehtes Zeitungspapier lässt sich zu festen Kugeln, Wülsten u. Ä. formen, mit Band oder Klebeband umwickeln und kann so zum Ausgangspunkt für gestalterisches Arbeiten mit kleistergetränkten Papierstücken werden, die, sich überlappend, Stück für Stück aufgetragen werden und schließlich eine feste Oberfläche bilden.

Freie Objektkunst

Die Pappmascheeobjekte können nach konkreten Vorbildern (Tier, Mensch, Maske usw.) gestaltet werden. Im ungebundenen Spiel mit der Form steckt allerdings auch im Umgang mit diesem Material ein besonderer Reiz. Pappmaschee bietet eine Reihe von Möglichkeiten, um den individuellen Vorstellungen des Schaffenden in Form und Farbe zum Ausdruck zu verhelfen. Werke großer Künstler können hier ggf. eher der Motivation und Anschauung dienlich sein als thematische Zieldefinitionen.

Puppenkopf

Material: Zeitungspapier, Schnur, Flasche mit Sand gefüllt, Kleister, leichter Karton, Klebeband, Rundholz (20–25 cm lang)
Der Puppenkopf wird über einem Kern gearbeitet, der aus geknülltem Zeitungspapier bestehen kann oder aus Holzwolle. Das Material wird mit einem festen Band umwickelt.

> „Als Materialkern kann auch ein Sägemehlbeutel verwendet werden: In das Fußstück eines Perlonstrumpfes oder in ein quadratisches Tuch von ca. 20 cm Seitenlänge füllt man Sägemehl und bindet zu einem Beutel ab (keinen Knoten, das Sägemehl muss später entfernt werden können). Den Beutel so an einem Stab festbinden, dass der Beutel prall als Köpfchen nach oben ragt und das Schnur-Ende lang herabhängt (es muss später gelöst werden können)." **(Hietkamp, 2001, S. 136)**

Damit man später den Puppenkopf führen kann, arbeitet man ein fingergroßes Führungsröhrchen ein.

> „Hierzu wird leichter Karton in ca. 3 bis 4 cm lange Streifen geschnitten. Die Länge entgegen der Faserrichtung des Kartons schneiden, da er sich sonst nicht sauber rollen lässt. Den Kartonstreifen zu einer Rolle drehen, die im Durchmesser dem Zeigefinger desjenigen entspricht, der die Puppe baut. Diese Hülse sollte bis zum zweiten Fingerknöchel, aber nicht darüber hinweg gehen. Den gerollten Kartonstreifen mit Klebeband zusammenkleben. Diese Papphülse wird als Hals im Kern festgeklebt. Hierzu an entsprechender Stelle des Kernes mit einem spitzen Gegenstand (Schere, Messer) ein Loch bohren und so lange vergrößern, dass sich der Hals mit geringem Kraftaufwand 2 bis 3 cm hineinschieben lässt. Die Hülse (Hals) gut im Kern verkleben." **(Steiner, 1992, S. 141)**

Zum freien Modellieren wird ein Rundstab in eine mit Sand gefüllte Flasche gestellt und der Kern mit dem Hals auf diesen Stab gesteckt.

Alte Zeitungen werden in kleine Stücke gerissen, Kern und Hals satt eingekleistert und die eingekleisterten Schnipsel sich überlappend aufgelegt. Die Gesichtszüge werden geformt und Augen, Augenbrauen, Nase, Mund und Ohren ggf. mithilfe von vorgeformten Pappmascheestückchen, die gut am Kern befestigt werden, herausmodelliert. Die letzte Schicht sollte aus weißen Papierfetzen bestehen.

Am unteren Ende des Halses wird in Art einer Halskrause ein verstärkter Pappmascheestreifen angesetzt, der später das Gewand halten soll. Nach dem Trocknen kann der Kopf mit Plaka-, Deck- oder Abtönfarbe bemalt werden, die Einkleidung sollte so erfolgen, dass die Hand des Spielers genügend Bewegungsfreiraum hat.

Mit Pappmaschee modellierte Puppenköpfe eignen sich für Hand-, Stock-, Stabpuppen und Marionetten. Natürlich erfordert das Herstellen eines Puppenkopfes unterschiedliche feinmotorische Fähigkeiten und es ist zu überprüfen, ob die individuellen Voraussetzungen des Schaffenden eine solche gestalterische Aktivität zulassen. Es sei in diesem Zusammenhang darauf hingewiesen, dass es beim Formen des Gesichtes nicht um anatomische Richtigkeiten gehen darf, sondern dass der individuelle Ausdruck des schöpferischen Produktes von Bedeutung ist.

Trägermaterial: Ton
Die Gestaltung des Kernes mit Ton verbindet zwei unterschiedliche Grundstoffe miteinander, an denen unterschiedliche Materialerfahrungen gewonnen werden können.

Kaschierte Masken
Material: Ton, Zeitungspapier, weißes Papier, Kleister, Deckfarben, Pinsel, ggf. Modellierhölzer

Über oval geknülltem Zeitungspapier breitet man schalenartig eine ca. 3 cm dicke Tonschicht aus. In die Tonschicht werden Gesichtszüge modelliert, wobei die Formen abstrahiert oder überzogen werden sollten, um dem karikierenden Wesen einer Maske gerecht zu werden. Wichtig ist, dass unterhöhlte Formen unterbleiben müssen, weil sie sich später kaum abheben lassen. Zum Schluss wird die Oberfläche der Maske gut geglättet.

Im Anschluss wird die ganze Tonoberfläche mit kleistergetränkten Papierstücken lückenlos überzogen, die ersten drei Schichten sollten nur mit reinem Wasser befeuchtet werden, weil sich die gekleisterten Schichten vom Ton schwerer abheben lassen. Wichtig ist, dass sich die einzelnen Papierstücke lückenlos an den Kern anschmiegen und keine Luftblasen entstehen. Es werden im Ganzen ca. 5 – 8 Schichten aufgebracht, die letzte davon aus stärkerem weißen Papier.

Die Arbeit muss mehrere Tage trocknen, dabei zieht sich der Tonkern durch den Schwindungsprozess zusammen, sodass sich die hart gewordene Maske leicht abheben lässt. Die Maske kann mit Wasserfarben bemalt und ggf. mit farblosem Holzlack überpinselt werden, weitere Ausstattungen (Bänder, Wolle …) können den gewonnenen Ausdruck verstärken. Die Tonmaske kann aufbewahrt oder ebenfalls angemalt werden (siehe 5.1.)

Für Menschen mit Behinderung stellen Masken und Puppen Mittler dar, die es ihnen ermöglichen, Wünsche und Gefühle auszudrücken, Konflikte zu bewältigen und jenseits ihrer kommunikativen Beeinträchtigungen ihre Umwelt zu strukturieren. Im Herstellen und Spielen mit Puppen und Masken liegt damit eine große Chance zur Selbstfindung und zum Aufbau eines stabilen Selbstwertgefühls.

Kapitel 5 | Dreidimensionales Gestalten

Aufgabe

1. Haben Sie früher gerne mit Puppen gespielt bzw. sich verkleidet? Wie haben Sie sich dabei gefühlt? Was hat Ihnen besonders viel Freude gemacht? Tauschen Sie im Klassenverband Erfahrungen aus.

2. In welchem Zusammenhang sind Sie im Rahmen Ihrer Arbeit mit Menschen mit Behinderung schon mit Masken und Puppen in Kontakt gekommen? Berichten Sie über Ihre Erfahrungen. Wie wurden Masken und Puppen hergestellt, wie kamen sie zum Einsatz? Mit welchem Ziel wurden solche Aktivitäten initiiert?

3. Erläutern Sie die besondere Bedeutung von Masken und Puppen für Menschen mit Behinderung. Welche Rolle spielt dabei der eigene Schöpfungsprozess bzw. die persönliche Prägung von Maske bzw. Puppe?

4. Skizzieren Sie weitere Gestaltungsmöglichkeiten für Masken und Puppen. Berücksichtigen Sie dabei den Einsatz unterschiedlicher Materialien. Lassen sich aus der Art der Behinderung bestimmte Gestaltungsmöglichkeiten favorisieren bzw. ausschließen?

Trägermaterial: Maschendraht

Material: Zeitungspapier, weißes Papier, Kleister, Maschendraht, Drahtzange, Bindedraht, Handschuhe

Für große Objekte aus Pappmaschee baut man zunächst ein Trägergerüst aus Maschendraht und ggf. Leisten oder Dachlatten. Der Maschendraht wird mit einer Drahtschere zurecht geschnitten, um das Holzgerüst drapiert und mit Bindedraht befestigt. Die Maschenenden werden so miteinander verflochten, dass spitze Drahtteile innenliegen. Das Zeitungspapier wird in Stücke gerissen und gut mit Kleister durchtränkt auf den Maschendraht gelegt und angedrückt. Die einzelnen Stücke werden nahtlos miteinander verbunden, sodass eine homogene Oberfläche entsteht. Schließlich ist das gesamte Gerüst mit mehreren Schichten überzogen und kleinere Details werden mit vorgeformtem Pappmaschee ergänzt. Die letzte Schicht sollte aus weißem Ausschusspapier bestehen (einseitig bedrucktes Kopierpapier).

Das gestaltete Objekt kann mit Abtön- oder Plakafarben bemalt werden. Das Gestalten mit dem Maschendraht erfordert eine gewisse Weitsicht, wegen der Verletzungsgefahr gilt es darauf zu achten, dass Augen und Gesicht vom Draht ferngehalten werden. Die Arbeit an einem großen Objekt und der Umgang mit Material und Werkzeug sind darüber hinaus nur im Zusammenhang mit den dafür erforderlichen motorischen Möglichkeiten zu erreichen. Dennoch geht gerade von überdimensional großen Figuren ein starker Aufforderungscharakter und vielfältige Möglichkeiten zur kreativen Gestaltung aus.

Werkstoff Pappmaschee

Trägermaterial: Gefäß

Material: großflächige Schüssel, Teller o. Ä., Zeitungspapier, weißes Papier, Kleister

Auch Gefäße können mit Pappmaschee kaschiert werden, man erhält so ein Duplikat der ursprünglichen Form, das sich kreativ aus- und umgestalten lässt.

Zunächst bedeckt man die Außenseite einer Schüssel flächendeckend mit trockenen Stückchen von Zeitungspapier, damit sich das Pappmaschee später von der Schüssel lösen lässt. Die zweite Schicht bilden kleistergetränkte weiße Papierstücke, so verschwinden die Aufdrucke und die Oberfläche lässt sich später einfacher weitergestalten. Nun folgen in mehreren Schichten kleistergetränkte Stücke von Zeitungspapier und jede einzelne Schicht wird wiederum mit Kleisterhänden glatt gestrichen, damit die Papierstückchen miteinander verbunden werden. Mit vorgeformten Pappmascheeteilen lässt sich das Objekt weiter ausgestalten und ergänzen. Die letzte Schicht besteht aus einer weißen Schicht, die später bemalt werden kann, bzw. aus buntem Papier.

Hohlformen können auch entstehen, indem man aufgeblasene Luftballons mit Pappmaschee kaschiert. Nach dem Trocknen der mehrschichtigen Papierhülle wird der Ballon an der Blasöffnung eingeschnitten, er löst sich beim Entweichen der Luft selbstständig von der Papierhülle ab. Auf diese Weise lassen sich weitere Masken gestalten, auch für den Laternenbau wird die Technik unter Verwendung von Transparentpapier gerne angeboten.

Aufgabe

1. Inwieweit besitzt der Werkstoff Pappmaschee für gestalterische Aktivitäten in Einrichtungen der Heilerziehungspflege universale Bedeutung? Machen Sie Vorschläge, wie man die gestalterischen Möglichkeiten mit Pappmaschee im Jahreslauf sinnvoll für Dekorationen zur Anwendung bringen könnte.

2. Können Sie sich andere Trägermaterialien für einen kreativen Umgang mit Pappmaschee vorstellen? Erarbeiten Sie Gestaltungsvorschläge und tragen Sie sie der Klasse vor.

Anregung

Plastische Objekte

Michael Hall, Kraichgau-Werkstatt, Sinsheim: „GeschichtenUmhangsKauz", Fundholzgeäst, Pappmaschee, Temperafarben, Größe 135 cm, 1998, Verkaufspreis: 2100 EUR

Michael Hall arbeitet in der Kraichgau-Werkstatt in Sinsheim bei Heidelberg. Er befasst sich intensiver mit plastischen Objekten:

„Die abgebildete Rundplastik Michael Halls bietet in besonderer Weise Einsichten in das ordnende bildnerische Denken, das den Charakter des Werkes bestimmt. Schon der vom Urheber selbst gefundene Titel

Kapitel 5 | Dreidimensionales Gestalten

> des Objekts zeugt vom additiven, aspektivischen Umgang mit Worten und Bedeutungen. „GeschichtenUmhangsKauz": einfach aneinandergereiht zu einem Wort, wobei die Einzelelemente vertauschbar sind, und somit Anlass zu prosodischen Sprechspielen geben können.
>
> Es geht um Geschichten. Es werden tatsächlich Geschichten erzählt. Die großen Flächen des Umhangs bieten viel Platz dafür. Der weitläufige Mantel – wohl auf ein erinnerungsträchtiges Erlebnis bezogen – ist in eine plastische Form verwandelt worden. Das tierähnliche Gebilde ist höchstwahrscheinlich der Erzähler selbst – er ist der Umhangskauz, der kauzige Geschichten erzählt. Wie schaut er autz, der Kautz? Langer Hals, flacher Kopf, mächtiger, vasenartiger Umhang und die komischen Beine, die lugen unter dem Mantel hervor. Additiv gefügte und gezeichnete, dem horror-vacui-Prinzip folgende Gestalten in großer Zahl bieten sich als Bildergeschichten an. Wie ist diese Plastik entstanden?
>
> Der Werkstattleiter und Michael Hall durchstreiften die Umgebung der Werkstatt auf der Suche nach „grafisch-interessanten" Astwerken, deren physiognomische Valenz Anlass zu künstlerischen Umsetzungen/Verwandlungen geben und so den fantasievollen, aus prosodischen Gründen allgegenwärtigen Erzählungsdrang Michael Halls befriedigen könnten." **(Kläger, 1999, S. 56)**

Aufgabe

1. Versuchen Sie den Entstehungsprozess des „GeschichtenUmhangsKauzes" von der Idee bis zum fertigen Objekt zu recherchieren.

2. Planen Sie ein Objekt aus Pappmaschee, das in ähnlicher Weise ein wesentliches Merkmal/wesentliche Merkmale Ihrer Persönlichkeit zum Ausdruck bringen könnte. Machen Sie einen Entwurf zu diesem Objekt. Welcher Name fällt Ihnen ein?

3. Halten Sie den Verkaufspreis von 2100 EUR für gerechtfertigt? Begründen Sie Ihre Aussage.

5.3 Werkstoff Gips

Aufgabe

1. In welchem Zusammenhang sind Sie schon einmal mit dem Material Gips in Kontakt gekommen? Berichten Sie über Alltagserfahrungen wie über gestalterische Aktivitäten.

2. Wie erklären Sie sich, dass das Material Gips im Rahmen von gestalterischen Aktivitäten sowohl unter dem Stichwort Plastik als auch unter dem Stichwort Skulptur geführt werden könnte?

5.3.1 Theoretische Zusammenhänge

Material

Gips ist ein vielseitiger, billiger und ungiftiger Werkstoff, der zum Experimentieren anregt. Gipsgestein kommt in der Natur vor, es zerfällt beim Erhitzen zu Pulver, das man im Handel als Modelliergips, Stuckgips und Baugips erhält. Für das plastische Gestalten sind nur die beiden ersten Sorten geeignet.

Gipspulver ist weiß und lässt sich mit Wasser in sogenannten elastischen Gipsmulden, d.h. speziellen Gefäßen aus Gummi oder flexiblem Kunststoff, zu einem teigartigen Brei anrühren. Das Material verhält sich zunächst wie eine plastische Masse und ist gut formbar, kann in einer entsprechenden Konsistenz sogar gegossen werden, erhärtet dann aber auch recht schnell (bindet ab). Der gehärtete Gips kann im abtragenden Verfahren bearbeitet werden. Gips ist dann wasserunlöslich, porös, wenig elastisch und daher druckempfindlich. Gips verbindet sich mit allen fettfreien und starren Materialien haltbar, während eine Verbindung mit elastischen Materialien durch leichte Bewegungen gelöst wird.

Werkstoff Gips

Für die gestalterische Arbeit lassen sich auch Gipsbinden, die ursprünglich für medizinische Verbände gedacht sind, zur Anwendung bringen. Gipsbinden lassen sich leicht verarbeiten und trocknen rasch, sie passen sich fast jedem Material an und erfassen dabei jede Vertiefung oder Erhebung.

Gips darf nicht gegessen werden und nicht in die Nase gelangen, er verbindet sich mit Speichel zu Gipsstein und stellt dann eine ernsthafte gesundheitliche Gefährdung dar.

Aus diesem Grund sollte bei der gestalterischen Arbeit mit Menschen mit Behinderung darauf geachtet werden, dass das Anrühren von Gips immer unter Aufsicht bzw. Anleitung geschieht.

Das Verhältnis von Gips zu Wasser beim Anrühren bestimmt die Konsistenz und damit den Gestaltungsprozess. Bei zwei Teilen Gips und einem Teil Wasser ergibt sich ein gießbares, sahniges Material, welches sich zum Ausgießen von Formen eignet, je mehr Gipspulver zugegeben wird, desto fester wird die Masse.

Gips muss immer in Wasser eingerührt werden, nicht umgekehrt. Beim Ansetzen wird also zunächst Wasser in das Gefäß gefüllt, dann das Gipspulver mit der Hand oder mit einem Löffel eingestreut, bis sich ein kleiner Gipsberg über der Wasseroberfläche zeigt. In Verbindung mit dem Wasser beginnt der Gips nun aufzuquellen, durch zügiges Umrühren entsteht eine breiartige Masse, wobei darauf zu achten ist, dass sich keine Klumpen bilden. Beim Gießen in Formen bilden sich schnell Lufteinschlüsse, leichte Erschütterungen führen dazu, dass die Luftblasen sich an der Oberfläche lösen können.

In dieser Konsistenz kann der Gips modelliert oder auch über einem Gerüst angesetzt werden (Armierung). Beim Abbinden kommt es zur Wärmeentwicklung und zu einer Volumenvergrößerung von ca. 1 %, es dauert ca. 10–15 Minuten, bis der gießbare Gips durchgehärtet ist. Dann kann das Material wie eine Skulptur im abtragenden Verfahren bearbeitet werden.

Gips lässt sich im Feuchtzustand leichter schneiden, nach längerer Lager- und damit Trockenzeit wird das Material leichter, heller und härter.

Gipspulver zieht Feuchtigkeit an, sodass älterer Gips mit der Zeit seine Abbindefähigkeit verliert. Deshalb sollte man Gipspulver immer in gut verschließbaren Gefäßen verwahren.

Flüssige Gipsreste nie in den Ausguss schütten! Die Abflussrohre wären durch den schnellabbindenden Gips sehr bald verstopft. Am besten lässt man den Rest im Eimer und bricht ihn anschließend heraus. Darüber hinaus sollte der Arbeitsplatz so gestaltet sein, dass genügend Platz vorhanden ist, eine mit Kunststoff beschichtete Arbeitsfläche und ein Waschbecken in erreichbarer Nähe.

Zum Anrühren der Gipsmasse ist grundsätzlich eine große Plastikschüssel erforderlich, darüber hinaus braucht man elastische Gießformen wie die Gipsmulde (s. o.), Pralinenschachteln, Joghurtbecher, Pappröhren etc. oder unelastische Gießformen, die glattwandig sind und nach oben weiter werden müssen bzw. ggf. mit einem Trennmittel (Öl, Vaseline) eingerieben werden. Mit Spacheln lässt sich die Gipsmasse gut verrühren und auftragen, für die weitere Bearbeitung des durchgehärteten Materials bieten sich Messer, Sägen, Feilen und Schleifpapiere an.

Gipsobjekte können mit wasserlöslichen Farben bemalt werden, auch die flüssige Gipsmasse kann mit Farbe versetzt werden, wodurch sich ein Marmoreffekt ergibt.

Aufgabe

1. *Bringen Sie Gipspulver und Wasser in unterschiedlichen Anteilen zusammen und vergleichen Sie die verschiedenen Aggregatzustände. Notieren Sie Ihre Ergebnisse. Wieviel Zeit brauchen die unterschiedlichen Gipsarten, um vollständig durchzuhärten? Wie fühlt sich der Gips an, wenn er flüssig, sahnig, breiig, fest ist? Spüren Sie die Wärmeentwicklung? Welche Beobachtungen können Sie machen, wenn Sie unterschiedliche Materialien (Kies, Sägemehl, Gräser usw.) hinzufügen?*

2. *Sie wollen in einer Ihnen bekannten Einrichtung der Behindertenhilfe eine gestalterische Aktivität mit Gips durchführen. Worauf müssen Sie achten? Welche organisatorischen Aspekte müssen Sie berücksichtigen?*

5.3.2 Praktische Umsetzung

Modellieren mit Gips

Material: Modelliergips, Wasser, Anrührschale, Spachtel, Draht bzw. Holz oder Plastikbeutel

Zunächst gilt es, ein tragfähiges Gerüst, die Armierung, zu konstruieren. Sie soll verhindern, dass das Material abrutscht und reduziert darüber hinaus den Materialverbrauch. Hierfür bietet es sich – ähnlich wie bei der gestalterischen Arbeit mit Ton – an, ein Stück stärkeren Draht entsprechend in Form zu biegen und das Gerüst auf einem Brett mit Krampen zu verankern.
Der Gips wird nun breiförmig angerührt und mit dem Spachtel Schicht um Schicht an das Grundgerüst angetragen. Es empfielt sich, nicht zu große Mengen Gips anzurühren, da er schnell fest wird und zügig zu arbeiten.

Eine weitere experimentelle Möglichkeit ist das Modellieren von Gips ohne Armierung, indem man den angerührten Gips in einem Plastikbeutel formt. Zunächst wird der Gips sahnig angerührt und die fertige Masse in den Beutel gegeben. Dieser wird verschlossen und der Gips wird im Beutel geknetet und gequetscht, sodass sich Formen bilden. Wenn die Gipsmasse getrocknet ist, wird der Plastikbeutel von der Gipsform gezogen, das enstandene Gipsobjekt wird mit Schmirgelpapier geglättet und ggf. bemalt.

Diese Übung bietet nicht nur taktile Erfahrungen; durch das Gestalten einer zunächst verborgenen Form ermöglicht sie dem Menschen mit Behinderung einen ganz besonderen Zugriff.

> **Anregung**
> *Der Schweizer Alberto Giacometti (1901–1966) wurde bekannt durch seine extrem schmalen, gerippeartigen Gestalten.*

Alberto Giacometti, Frau auf dem Wagen, um 1943, Holzwagen, Wilhelm Lehmbruck Museum, Duisburg

> **Aufgabe**
> 1. *Recherchieren Sie den Entstehungsprozess der dargestellten Plastik.*
> 2. *Informieren Sie sich über Leben und Werk des Künstlers.*
> 3. *Gehen Sie zu dritt oder viert zusammen und planen Sie – im Stile Giacomettis – Figuren, die in Beziehung zueinander stehen sollen. Fertigen Sie zunächst Skizzen an, formen Sie ein Grundgerüst aus Draht und modellieren Sie schließlich den Gips.*
> *Protokollieren Sie die einzelnen Arbeitsschritte und stellen Sie Ihre Ergebnisse im Klassenverband vor.*

> **Anregung**
> *Planung einer praktische Übung zur Gestaltwahrnehmung mit desorientierten Menschen:*
> *„Mithilfe von Gestalt-, Struktur- und Situationsvorgaben materialer, formhafter und szenischer Art soll der behinderte Mensch dazu bewegt werden, das Angebotene auszudifferenzieren, es plastisch in seiner Form, Gestalt und Struktur zu erkennen und zu reproduzieren. Das Ziel besteht ferner darin, die alltägliche Wahrnehmung zu verbessern, einen differenzierten Gestaltwahrnehmungsprozess (Schulung der linkshemisphärischen Kompetenzen) und einen synthetisierenden, zusammenfassenden Gestaltwahrnehmungsprozess (Schulung der rechtshemisphärischen Kompetenzen) zu initiieren.*
> *Die Idee ist, mit alten, in schnell bindenden Gips eingetauchten Kleidern Vorlagen zu schaffen, die dann ausdifferenziert, d. h. bemalt, mit aus Pappe ausgeschnittenen Köpfen versehen und schließlich im Raum, an der Wand oder an der Decke angebracht werden sollen."* **(Menzen, 2001, S.171)**

Werkstoff Gips

Aufgabe

1. Halten Sie die intendierten Ziele im Hinblick auf das gestalterische Angebot für realistisch? Halten Sie das geplante Angebot im Hinblick auf die intendierten Ziele für angemessen?

2. Planen Sie eine entsprechende Übung in einer Ihnen bekannten Einrichtung der Behindertenhilfe. Welche Zielgruppe würden Sie auswählen? Wie könnten Ihre individuellen Ziele aussehen? Wie lauten die einzelnen Arbeitsschritte? Welche unterschiedlichen Vorausgaben müssen beachtet werden?

Modellieren mit Gipsbinden

Material: Gipsbinden, Schere, Wasser, ggf. Vaseline

Gipsbinden sind leicht handhabbar. Schneidet man im trockenen Zustand die erforderlichen Stücke zurecht, kann man sie bearbeiten, indem man sie einfach kurz in Wasser taucht und dann modelliert. Unterschiedlichste Materialien wie Pappe, Keramik, Kunststoff oder Holz lassen sich mit Gipsbinden umkleiden, verformen und somit individuell gestalten. Ebenfalls kann man mit Gipsbinden Trägergerüste (aus Draht, Holz … s. o.) unkompliziert kaschieren.

Zu den modellierenden Verfahren gehört ebenfalls das Abformen von Körperteilen mittels Gipsbinden. Das Abnehmen von Gesichtsmasken bietet sich für die gestalterische Arbeit mit Menschen mit Behinderung weniger an, es lassen sich aber Hände oder Füße abformen. Wenn man Abdrücke vom Gesicht nimmt (z. B. für Masken), sollte man unbedingt Nasen- und ggf. Augenpartien freilassen, um Engegefühle zu vermeiden. Darüber hinaus muss beachtet werden, dass sämtliche Haarpartien nicht mit Gips in Berührung kommen dürfen, weil sie unwiderruflich im aushärtenden Material festbacken.

Für einen Negativ-Abdruck werden die Gipsbinden in längere ca. 10 cm und kürzere ca. 5 cm lange Stücke geschnitten, der Körperteil, der abgenommen werden soll, wird mit Vaseline eingecremt. Die Gipsstücke werden in eine Schale mit kaltem Wasser getaucht (warmes Wasser lässt den Gips schneller abbinden), überschüssiges Wasser wird abgestreift. Die Stücke werden nun auf den Fuß bzw. die Hand gelegt und mit den Fingern glattgestrichen. Dabei ist es wichtig, dass sich die einzelnen Stücke überlappen. Die entstehende Negativform sollte der Stabilität wegen wenigstens zweilagig sein. Wenn der Gips nach ca. 10 Minuten durchgehärtet ist, kann der Abdruck vorsichtig abgenommen werden.

Die entstehenden Negativformen können weiter gestaltet werden oder als Ausgangspunkt für einen Vollguss dienen (s. u.).

Anregung

Der Künstler George Segal (1924–2000) überzog sein Modell mit einer leichten Gipsschicht, nahm die getrockneten Gipsteile ab und klebte sie dann Stück für Stück wieder zusammen. Schließlich umgab er seine Figuren mit einem realen Ambiente.

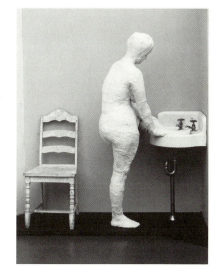

George Segal, Woman washing her feet in a sink'

103

Kapitel 5 | Dreidimensionales Gestalten

1. Sammeln Sie Informationen über Leben und Werk des Künstlers.

2. Die Spuren der Herstellung bleiben in Segals Werken nicht zuletzt durch den unbemalten Gips weitgehend sichtbar. Welche Intention vermuten Sie hinter diesem Vorgehen?

3. Wie ließen sich Aspekte dieses Verfahrens sinnvoll in der gestalterischen Arbeit mit Menschen mit Behinderung zur Anwendung bringen?

Gips gießen

Material: Ton bzw. Sand bzw. Negativgipsform, Modelliergips, Wasser, Spachtel, Kiste, Anrührschale

In eine Kiste wird feuchter Sand bzw. geschmeidiger Ton gegeben. Der Rand muss so gestaltet sein, dass er einen festen Rahmen für den Gipsbrei darstellt. Die Hand oder die Finger oder irgendwelche anderen Gegenstände (Nägel, Schlüssel, Fundstücke aller Art) werden fest in den Sand/Ton gedrückt und vorsichtig wieder herausgezogen, sodass ein Abdruck sichtbar bleibt.

Nun wird in dem Anrührgefäß dünnflüssig Gips angerührt, der Gipsbrei wird so in die Form im Sand/Ton gegossen, dass sie ganz ausgefüllt ist. Leicht an der Kiste rütteln, damit Lufteinschlüsse an die Gipsoberfläche getrieben werden, wo sie austreten können.
Auch den Negativabdruck eines Gesichtes oder einer Hand kann man mit Gips ausgießen.

Zunächst müssen hierfür mit Gipsresten alle Löcher im Abdruck verschlossen werden, dann wird ein Trennmittel (Bsp. einfaches Speiseöl) in der Negativform geschwenkt, bis ein feiner Film die gesamte Form überzieht. Nun wird flüssiger Gips langsam in die Negativform gegeben, auch hier können durch vorsichtiges Klopfen Lufteinschlüsse entweichen.

Nach etwa 2 Stunden hat der Gips abgebunden und kann aus der Negativplatte bzw. -form gelöst werden. Die Positivform muss gereinigt werden, mit einem Messer bzw. Schmirgelpapier lassen sich ggf. Unebenheiten glätten. Die Form und Textur des Ausgangsmaterials hat sich auf den Guss übertragen.

Diese gestalterische Arbeit trainiert damit nicht nur die feinmotorischen Fertigkeiten, sie bewirkt auch eine Sensibilisierung des Körperbewusstseins und schafft Möglichkeiten für einen direkten Selbstausdruck. Die Gestaltung eines Vollgusses eigener Körperteile stellt eine intensive Auseinandersetzung mit der eigenen Person dar und wirkt besonders motivierend.

> *Der Künstler René Magritte fertigte zwischen 1931 und 1937 einen Gipsguss nach der Totenmaske Napoleons an, die er in einem Antiquitätenladen entdeckt hatte, und bemalte diesen mit blauer Farbe und mit weißen Wolken.*

René Magritte, L' avenir des statues (Die Zukunft der Denkmäler), 1932, Öl auf Gipsguss (Totenmaske Napoleons), Stiftung Wilhelm Lehmbruck Museum, Duisburg

Werkstoff Gips

Aufgabe

1. Beschreiben Sie das Werkbeispiel, indem Sie detailliert auf Form und Farbe eingehen.

2. Sammeln Sie Informationen über Leben und Werk des Künstlers.

3. Magritte gehört zu den bedeutendsten Vertretern des Surrealismus. Versuchen Sie, das Fantastische in diesem Werkbeispiel herauszustellen.

4. Fertigen Sie einen Gipsguss an und gestalten Sie ihn mit Farben aus. Protokollieren Sie den Entstehungsprozess, welche Aussage verbinden Sie mit Ihrem Werk?

5. Sie arbeiten in einem heilpädagogischen Kindergarten und wollen mit einigen Kindern einen Gipsguss anfertigen. Worauf müssen Sie achten? Wie könnte ein solches Angebot aussehen?

Gipsskulptur

Material: Modelliergips, Wasser, Anrührschale, Spachtel, Feile, Raspel, Messer, Schleifpapier

Der Gips wird zunächst mit 3 Teilen Gips und 1 Teil Wasser angerührt und in einem elastischen Gefäß (z. B. Joghurtbecher) zum Aushärten gebracht. Der entstandene Gipsblock kann nun vorsichtig mit den angegebenen Werkzeugen wie eine Skulptur bearbeitet werden. Am besten arbeitet man die grobe Form heraus, solange der Gipsblock noch feucht ist, je mehr der Block durchhärtet (und austrocknet), desto schwieriger (und staubiger) wird das Arbeiten.

Anregung

Der Künstler Henry Moore ist einer der bekanntesten Bildhauer der Moderne und hat die Skulptur des 20. Jahrhunderts maßgeblich beeinflusst. Seine Arbeiten schmücken weltweit öffentliche Galerien und Plätze.

Moores zentrale Themen waren die liegende Figur und Mutter-Kind-Gruppen. In den 1920er-Jahren dominierten blockhafte, massige Figuren, in den 1930er-Jahren entwickelte er seinen eigenen Stil mit der Entdeckung der sog. Negativ- und Hohlform.

Henry Moore: Vier Elemente (Liegende Figur), 1934, Alabastergips, Tate Gallery, London

Aufgabe

1. Sammeln Sie Informationen über Leben und Werk des Künstlers.

2. Fertigen Sie eine Skizze über die ‚Liegende Figur' an, berücksichtigen Sie dabei die Wirkung von Licht und Schatten.

3. Würden Sie diese Skulptur in der Außenanlage einer Einrichtung der Behindertenhilfe aufstellen? Begründen Sie, warum bzw. warum nicht.

5.4 Werkstoff Holz

Aufgabe

1. Sammeln Sie verschiedene Holzarten und vergleichen Sie die unterschiedlichen Eigenschaften des Holzes. Wie sieht es aus, wie fühlt es sich an, wie riecht es?

2. Nehmen Sie ein Stück Holz und versuchen Sie, dieses Holz auf möglichst unterschiedliche Art und Weise zu manipulieren. Verwenden Sie verschiedene Werkzeuge und machen Sie sich Notizen zum Gestaltungsprozess. Vergleichen Sie Ihre Ergebnisse.

3. Welche gestalterischen Aktivitäten mit Holz haben Sie schon kennengelernt? Welche dieser Aktivitäten könnten Sie sich auch im Umgang mit Menschen mit Behinderung vorstellen?

5.4.1 Theoretische Zusammenhänge

Material

Holz ist ein natürliches Material und birgt eine Fülle von herausragenden Eigenschaften, die sich für viele gestalterische Zwecke nutzen lassen. Die verschiedenen Holzarten unterscheiden sich nach Gewicht, Härte, Elastizität, Färbung und Maserung.

Holz wird in vielfältiger Form angeboten:

- als Massivholz, das in unterschiedlichen Größen und Ausführungen zu haben ist (Latten, Kanthölzer, Bretter)
- als Sperrholz, d.h. Platten, die aus mehreren billigen Furnierschichten bestehen, die so übereinandergeschichtet sind, dass sich ihre Faserrichtungen kreuzen (ein Verwerfen/Arbeiten ist nicht so schnell möglich), das Deckfurnier, d.h. die außenliegenden Holzblätter sind hochwertiger, Sperrhölzer gibt es in unterschiedlichen Stärken, sie eignen sich für verschiedene gestalterische Tätigkeiten
- Spanplatten bestehen aus Holzspänen, die mit einem Kunstharzbindemittel versetzt und zu Platten gepresst werden
- Tischlerplatten sind zusammengeleimte Holzleisten, welche außenliegend mit dünnen Holzplatten verleimt werden

Darüber hinaus lassen sich Weich- und Harthölzer unterscheiden. Laubhölzer (Eiche, Buche, Nussbaum …) sind hart, widerstandsfähig und teuer, sie werden vorrangig für die Möbel- und Wohngestaltung verwendet.
Für die gestalterische Arbeit mit Menschen mit Behinderung eignen sich Nadelhölzer, sie sind weich und damit einfacher zu bearbeiten. Weichhölzer enthalten in der Regel viel Harz und Äste. Zu den weichen Holzarten zählen z.B. Tannen- und Fichtenholz. Beide Holzarten sind hell (weiß bis grauweiß bzw. rötlichweiß) leicht, elastisch, langfaserig und harzig und mäßig witterungsfest. Auch Pappeln-, Linden- und Erlenholz gehören zu den weichen Holzarten, auch sie sind leicht und wenig witterungsfest.

Die Auswahl der Holzart ist abhängig von der Art des Gestaltungsprozesses, in dem es verarbeitet werden soll. Das Material für die fantasievollste Holzgestaltung findet man direkt in der Natur. Ast- und Wurzelholz, das nicht durch Maschinen oder Produktionsvorgänge manipuliert wurde, zeugt von seinem organischen Wachstum und besitzt damit einen besonderen Aufforderungscharakter für kreatives Gestalten.

Werkstoff Holz

Da Massivholz sich leicht verzieht und dehnt, weil beim Verdunsten das feuchtere Splintholz (äußerer, jüngerer Bereich des Holzes unter der Rinde) schneller schwindet als das Kernholz, kommt der Aufbewahrung des Holzvorrates eine besondere Bedeutung zu. Abgelagertes oder trockenes Holz ist leichter und härter als feuchtes Holz, es ist widerstandsfähiger gegen Schädlinge und stabiler. Der Lagerraum sollte weder feucht noch überheizt sein, man sollte versuchen, den Feuchtigkeitsgehalt des Holzes mit dem der Umgebungsluft in Einklang zu bringen.

Für die gestalterische Arbeit mit Holz ist ein spezieller Raum notwendig. Zur Grundausstattung gehören Werkbänke mit Einspannvorrichtungen und Schränke zur Aufbewahrung der entsprechenden Werkzeuge bzw. Maschinen. Der Raum sollte gut zu durchlüften sein, über Behälter für Holzabfälle und -reste verfügen und einen Wasseranschluss besitzen.

Werkzeug

Anders als bei den plastischen Materialien müssen bei der gestalterischen Arbeit mit Holz unterschiedliche Werkzeuge eingesetzt werden. In vielen Einrichtungen der Behindertenhilfe scheut man den Umgang mit Holzwerkzeugen aus Angst vor eventuellen Verletzungsgefahren. Natürlich müssen die Werkzeuge und damit die Gestaltungsmöglichkeiten mit Blick auf die individuellen Möglichkeiten der Gestaltenden gut abgewägt und ausgewählt werden. Darüber hinaus kann eine gezielte „Aufklärung" zu einem umsichtigen und gefahrenreduzierenden Umgang mit Hammer, Säge und Messer beitragen. Elektrische Maschinen müssen so gesichert sein, dass keine Verletzungsgefahr besteht.

Folgende Werkzeuge kommen bei den vorgestellten gestalterischen Möglichkeiten zur Anwendung:

Sägen

Für feine Rundungen oder Schnitte eignet sich am ehesten die Laubsäge, ein U-förmiger Spannbügel, der an beiden Enden Halterungen mit Flügelschrauben zur Aufnahme des Sägeblattes besitzt. Das Sägeblatt muss auf „Zug" eingespannt werden, die Sägezähne zeigen nach unten.

Weniger kraftaufwändig sägt sich mit der Dekupiersäge, einer elektrischen Laubsäge, die über einen Magneten in Vibration versetzt wird. Die unterschiedlichen Modelle sind nicht alle für die Arbeit mit Menschen mit Behinderung geeignet (z. B. zu laut). Der Fuchsschwanz ist eine universell einsetzbare Säge, mit dem größere Teile in handliche Stücke zerteilt werden können.

Die elektrische Stichsäge eignet sich für das Zuschneiden von dickerem Holz, sie sollte jedoch nur unter Aufsicht und unter Berücksichtigung der Sicherheitsmaßnahmen eingesetzt werden.

„Ein bewährtes Hilfsmittel ist die Gehrungssäge. Allerdings sollte es eine Säge mit Metallanschlag und Sägeführung sein. Dieses Gerät erlaubt auch körperbehinderten Menschen dicke Rundhölzer, Äste oder Dachlatten durchzusägen. Die Säge lässt sich so verändern, dass mit ihr entweder beidhändig oder partnerschaftlich hantiert werden kann. Für das beidseitige Arbeiten wird ein 20 cm langes Rundholz, z. B. aus einem alten Besenstiel, quer am Griff der Säge montiert. Zum partnerschaftlichen Arbeiten werden an beiden Enden der Säge kurze, starke Paketschnüre festgeknotet, an deren Enden ca. 10 cm lange Rundhölzer quer als Griffe befestigt sind. Das Sägen geschieht nach dem Prinzip der Zugsäge. Das Ziehen der Säge ist vielen, auch schwer körperbehinderten Menschen möglich, sodass zwei Personen sich gegenübersitzend die Säge hin- und herziehen." **(Steiner, 1996, S. 183)**

Für alle Sägearbeiten gilt der Grundsatz, dass das Werkstück immer gut fixiert sein muss. Das kann entweder mit Schraubzwingen oder in einem Schraubstock erfolgen.

Bohrer

Zum Vorbohren und zum Bohren kleiner und kurzer Löcher eignet sich der Nagelbohrer, der sich mit seiner spiraligen Spitze gut ins Holz einschraubt. Die Handbohrmaschine ist ein Spiralbohrer, der mit einer Kurbel angetrieben wird. Sie kann wie die elektrische

Handbohrmaschine mit einer Reihe von unterschiedlichen Bohrern ausgestattet werden. Da die Handhabung von Bohrmaschinen für Menschen mit Behinderung nicht unproblematisch ist, bedarf es eines Bohrmaschinenständers mit langem Hebelarm.

Raspeln und Feilen

Sie werden zur spanabhebenden Formgebung benutzt und müssen zur sicheren Führung stets in einem Heft befestigt sein. Die grobe Bearbeitung des Holzes wird mit der Raspel ausgeführt, die entstandene raue Holzoberfläche wird anschließend mit der Feile geglättet. Raspeln und Feilen arbeiten auf Stoß, beim Zurückziehen darf deshalb kein Druck auf das Werkzeug ausgeübt werden. Auch hier muss das zu bearbeitende Werkstück fest und tief eingespannt werden.

Das Versäubern von Kleinteilen erledigt man mit Schleifpapieren, die auf Schleifklötze aus Kork oder Gummi gespannt werden, eine grobe Körnung (60er oder 80er) ist für die grobe Vorbehandlung, feine Körnung (150er bis 220er) zum feinen Nachbehandeln.

Zur Grundausstattung für die gestalterische Arbeit mit Holz gehören ferner **Nägel** und **Schrauben** in unterschiedlichen Größen und Ausführungen sowie **Hämmer** und **Schraubendreher**.

Haltbare Verbindungen zwischen Hölzern erreicht man durch Verleimen mit Holzleim. Der Holzleim wird hauchdünn auf beide Flächen aufgetragen, dann werden die Teile zusammengedrückt und mit der Schraubzwinge gepresst.

Schnitzwerkzeuge

Sie gibt es in unterschiedlicher Ausführung, mit ihnen lassen sich Fundhölzer kreativ gestalten. Die Messer sind sehr scharf, sodass sie mit äußerster Vorsicht gehandhabt werden müssen. Schnitzmesser sind für die gestalterische Arbeit mit behinderten Menschen nur in Ausnahmefällen zu empfehlen, eine genaue Anleitung zur Handhabung der Werkzeuge ist dann auch hier unbedingt notwendig.

Farben

Holz kann durch Beizen, Wachsen und Lackieren oberflächenbehandelt werden. Es lässt sich aber auch mit Abtönfarben bemalen, kann dann aber nicht im Außengelände aufgestellt werden.

Grundsätzlich gilt, dass für jeden Menschen mit Behinderung individuell entschieden werden muss, ob er ein benötigtes Werkzeug führen kann oder nicht. Daraus resultiert dann die Entscheidung für eine spezielle gestalterische Aktivität. Die Werkzeuge sollten vor der Aktivität auf ihren Zustand überprüft werden, beim Einsatz von Elektrogeräten ist auf sichere Stromzuleitung zu achten, die nach dem Gebrauch unterbrochen werden sollte.

Aufgabe

1. Diskutieren Sie vor dem Hintergrund Ihrer eigenen Erfahrungen in Einrichtungen der Behindertenhilfe den Einsatz von Elektrowerkzeugen.

2. Welche Chancen und Grenzen sehen Sie im Rahmen gestalterischer Aktivitäten mit Holz für Menschen mit unterschiedlichen Behinderungsformen?

Werkstoff Holz

Anregung

Therapeutische Aspekte des Gestaltens mit Holz

„Holz spricht viele Menschen durch seine Natürlichkeit und Ursprünglichkeit an, es lädt dazu ein, eigenen ursprünglichen Seiten nachzuspüren. Die Stammform gibt Halt und kann den Wunsch wecken, sich anzulehnen. Sie ist aber auch dominant und um sie zu verlassen, muss Willenskraft eingesetzt werden. Die Holzbearbeitung an sich wirkt strukturierend, denn sie findet innerhalb bestimmter Rahmenbedingungen statt, so müssen z.B. die Faserrichtung des Materials beachtet und das Werkzeug auf bestimmte Weise eingesetzt werden. Gestaltet wird überwiegend mit dem Schnitzeisen in der einen Hand und dem Holzklüpfel in der anderen Hand. Über das beidhändige Tun werden beide Gehirnhälften aktiviert und die Koordination geübt.

Beim Gestalten mit Holz sind unterschiedliche Sinne angesprochen. Der Tastsinn beim Erspüren der Oberfläche, die rau sein kann oder auch glatt und fein, je nach Bearbeitungszustand. Der Hörsinn übt das Wahrnehmen des Klopfens beim Behauen oder der Raspel- und Schleifgeräusche. Der Geruchssinn beim Riechen des Harzduftes, der beim Bearbeiten frei wird. Natürlich auch der Sehsinn, der die Farben und Formen des Materials erfasst. (…)

Die Rinde ist die Schutzschicht des Baumes, um zu gestalten muss sie, zumindest teilweise, entfernt werden. Hier findet oft eine Auseinandersetzung mit dem eigenen Bedürfnis nach Schutz statt. Dabei stellt sich die Frage, wieviel Schutz erforderlich ist und wo er vielleicht auch Entwicklung verhindert. (…)

Oft ist der Trocknungsvorgang des Holzes noch nicht abgeschlossen und es bilden sich Schwundrisse, die Frustrationen hervorrufen können und in die Gestaltung integriert werden müssen. Manchmal führen solche unvorhergesehenen Veränderungen zu neuen Lösungen. (…)

Holz ist fest und recht beständig, es hält auch vehementer Bearbeitung stand, ist ein zuverlässiges Gegenüber und bietet dadurch Objektkonstanz. Aggressive Energie muss eingesetzt werden, um dieses harte Material zu gestalten. Der Umgang mit der eigenen aggressiven Energie kann bewusst gemacht und, bei einer Hemmung, Blockaden gelockert werden. (…)

Das bildhauerische Gestalten führt mit dem Geringer-Werden des Materials immer mehr zu Beschränkung und Abschied von der Unverbindlichkeit (Freund 1995). (…)

Das Abtragen des Materials bei der Bearbeitung von Holz kann als Hergeben und Loslassen erfahren werden und Gefühle wie Trauer und Wut auslösen, die unmittelbar in die Gestaltung mit einfließen und bearbeitet werden können. (…)

Die Gestaltung mit Holz fördert und stärkt in hohem Maße bestimmte Ich-Funktionen, wie z.B. die Fähigkeit, Entscheidungen zu treffen, die Entwicklung von räumlichem Vorstellungsvermögen, Antizipationsvermögen, Durchhaltevermögen und Ausdauer. Spannungsbogen und Frustrationstoleranz werden gestärkt, gestalterische und handwerkliche Kompetenzen können entwickelt werden. Eigene Gefühle, Wünsche und Bedürfnisse können bewusst gemacht, integriert und damit die Selbstwahrnehmung verbessert werden. Der Gestalter ist der Schöpfer seiner Gestaltung." **(Wieland/Keßler, 2005, S. 191–196, gekürzt)**

Aufgabe

1. Stellen Sie die besondere Bedeutung des Werkstoffes Holz in der gestalterischen Arbeit mit Menschen mit Behinderung heraus.

2. Haben Sie selber Erfahrungen in der Gestaltungsarbeit mit Menschen mit Behinderung gemacht, welche die Ausführungen von Wieland/Keßler bestätigen bzw. widerlegen?

3. „Dabei stellt sich die Frage, wieviel Schutz erforderlich ist und wo er auch Entwicklung verhindert." Inwieweit werden Sie als HeilerziehungspflegerIn in Ihrem Berufsalltag mit dieser Frage konfrontiert? Wie lösen Sie den Konflikt?

5.4.2 Praktische Umsetzung

Der Werkstoff Holz bietet viele Gestaltungsmöglichkeiten für Menschen mit Behinderung, von denen hier nur einige exemplarisch vorgestellt werden sollen. Dabei können solche Techniken unterschieden werden, bei denen ein Stück Holz kreativ und frei manipuliert wird, und solche, denen eine Konstruktionsplanung zugrundeliegt.

Fundholz

Material: Fundholz, Holzwerkzeug, Schleifpapier, Bänder, Stoffe u. a., Abtönfarben, ggf. Klarlack, Pinsel

Äste und Zweige fordern zum Bauen und Konstruieren heraus. Sie können als Gerüstmaterial für hängende oder stehende Objekte, für Bilder oder Figuren verwendet werden. Ausgelegte, in den Erdboden gesteckte oder zu raumartigen Gebilden aneinandergefügte Fundhölzer lassen sich verleimen, nageln, binden, verdrahten, sie können durch Entrinden, Schleifen, Brechen, Sägen und Zersplittern verändert werden und zu einer eigenwilligen Komposition zusammengefügt, ggf. mit Abtönfarben bemalt werden. In stabile Astgehänge können Naturmaterialien (Blätter, Rinde, Gräser …) eingearbeitet werden.

Die Ausgangsform kann in Stücke oder Scheiben zerschnitten werden, die Einzelelemente lassen sich durch Binden, Schichten und Stapeln neu kombinieren. Auf diese Weise lassen sich Ketten, Skulpturen, Marionetten o. Ä. gestalten, auch eine flächenhafte Anordnung der Teilstücke in Form einer Holzcollage ist möglich.

Größere gerade gewachsene Rundhölzer sind bereits als Körper wahrnehmbar und können unbearbeitet bereits sinnhaft gedeutet werden. Die Oberflächen von Rundhölzern lassen sich besonders gut mit Raspel, Feile und Messer bearbeiten, weil wegen der starken Rundung das Material überall gut erreichbar ist.

Naturholzbrocken können mit der Säge in eine einfache Form gebracht werden, die Oberfläche wird mittels Raspel und Feile geglättet, so entstehen elementare Formen mit Rundungen und Wölbungen, die das Befühlen zu einem besonderen Erlebnis werden lassen.

Kunsthaus Kannen, Münster

Holzskulptur

Material: Lindenholz, Schnitzwerkzeug, Schleifpapier

Bevor der erste Arbeitsschritt erfolgt, muss die Laufrichtung der Holzfasern untersucht werden, die Aufschluss über die Spaltrichtung gibt. Bei leicht spaltbaren Hölzern können bei der Bearbeitung leicht Teile herausbrechen. Lindenholz ist gleichmäßig dicht und dabei dennoch weich und eignet sich damit besonders für Schnitzarbeiten. Die Schnitzwerkzeuge schneiden besser in der Laufrichtung der Fasern, während Schnitte im Hirnholz schwerer auszuführen sind.

Das Werkstück wird in eine Werkbank eingespannt und kann nun mit entsprechendem Werkzeug bearbeitet werden. Dabei wird zunächst mittels Stech- oder Hohleisen mit breiten Schneiden die Grobform herausgearbeitet, im späteren Verlauf kommen dann schmalere Werkzeuge zum Einsatz. Mit Feilen und Schleifpapier wird schließlich die Oberfläche geglättet.

Werkstoff Holz

Anregung

Das plastische Werk des Künstlers Pablo Picasso lässt sich zu keinem Zeitpunkt einer bestimmten Stilrichtung zuordnen, mit Begeisterung schuf er immer wieder ganz eigene Ausdrucksmöglichkeiten und Techniken. So entstanden am Anfang des 20. Jahrhunderts grob behauene Holzfiguren, die seine Vorliebe für vereinfachte Formen zum Ausdruck bringen.

Pablo Picasso, Sieben Puppen, bemaltes Holz

Aufgabe

1. Schildern Sie den Werkprozess und belegen Sie ihn an ablesbaren Werkspuren.

2. Gerade die vereinfachten Holzfiguren Picassos spiegeln sein Interesse an der afrikanischen Skulptur wieder. Stellen Sie Überlegungen an, warum die Künstler des beginnenden 20. Jahrhunderts ein solches Interesse an Werken der Naturvölker hatten.

Sperrholzarbeiten

Material: Sperrholz, Laubsäge, Schleifpapier, Wasserfarben, Pinsel

Mit Sperrholz lassen sich Spielbilder (z. B. Hampelmann, Puzzle), Dekorationen (Sterne, Blumen u. Ä. auf einem dünnen Rundholz oder an einem Band) oder flächige Objekte herstellen. Der Vorteil beim Arbeiten mit Sperrholz liegt darin, dass bei Laubsägearbeiten die Verletzungsgefahr gering einzuschätzen ist. Besonders wirkungsvoll ist es, wenn die fertigen Arbeiten lasierend bemalt werden, d. h. mit transparenten Farbschichten, die aquarellartig ineinanderlaufen.

Holzobjekte für das Außengelände

Material: wasserfestes Sperrholz (ca. 2 cm dick) Stichsäge, Schleifpapier, Abtönfarben, Bootslack

Auf die Holzplatte wird eine Form gezeichnet und diese mithilfe der Stichsäge ausgesägt. Mit Schleifpapier wird der Rand geglättet und von überstehenden Holzsplittern befreit. Mit feinem Schleifpapier rundet man die Kanten ab, bis sie glatt sind. Das Objekt wird mit Abtönfarben bemalt und mit Bootslack behandelt.

111

Kapitel 5 | Dreidimensionales Gestalten

Anregung

„Zu sehr verkopft. Lebensfremd."
Nicht selten wird schulischer Alltag mit dieser negativen Zensur bedacht. Dass es auch ganz anders geht,
zeigt ein ungewöhnliches Projekt der Liebfrauenschule.

Havixbeck. „Guck mal, ich kann malen wie ein echter Künstler", staunte eine Bewohnerin des Stiftes
Tilbeck über sich selbst. Sie war beteiligt an einem Projekt, das unter dem Motto stand: „Siehst du mich,
wie ich fühle?"
27 SchülerInnen der Liebfrauenschule Coesfeld, die den Beruf der Heilerziehungspflegerin erlernen, und
27 Bewohnerinnen des Stiftes haben in mehrwöchiger gemeinsamer Projektarbeit Skulpturen geschaffen,
für die es weder Vorbilder noch reproduzierbare Vorlagen gab oder gibt. Kein Wunder, dass auch jede
vorhandene Begrifflichkeit versagte, als es um die Bezeichnung der Kunstwerke ging. Es wurde ein neuer
Begriff, ein Name, eine neue Titulierung gesucht, die deutlich macht, dass Kunst Kommunikation, Beziehung und auch Integration bedeute. Projektleiterin B. M-L. kreierte ein Kunstwort für die Kunstwerke „und so wurden eben ‚Skonns' geboren (…), rund 250 cm hoch, über einen Meter breit. Dahinter
verbergen sich wasserfest verleimte Bauplatten, nach unterschiedlichen Entwürfen der Projektmitarbeite-
rinnen mit der Stichsäge bearbeitet, geschliffen, poliert, farbig lackiert und dann im Garten fest instal-
liert." (…)
Wer sich Zeit nimmt und sich auf die Arbeiten einlässt, nimmt sie eben nicht nur wahr, er wird sie auch
sehr bald in seinen Gefühlen, seiner Fantasie und seinen Träumen weiter entwickeln. So werden die farblich überwiegend heiteren Kunstwerke lebendig und gliedern sich auf eigene Weise in den Naturraum
ein. **(wel, in: Westfälische Nachrichten, 20.10.2000)**

Die SchülerInnen sollten im Rahmen ihrer Ausbildung ein schulisches Projekt unter realen Bedingungen
durchführen. Die Bewohnerinnen des Stiftes machten unterschiedlichste Erfahrungen mit Materialien und
Werkzeugen, die ihnen sonst weniger vertraut sind. Neue Beziehungen wurden geknüpft, darüber hinaus
waren alle mächtig stolz auf ihre Ergebnisse.
Für alle Beteiligten stand es am Tag der Präsentation fest: „Wir würden es immer wieder machen."

Aufgabe

1. *Erläutern Sie anhand dieses Beispiels die Bedeutung von außerschulischen Lernorten für Heilerziehungs-*
   pflegerInnen bzw. HeilpädagogInnen.

2. *Inwieweit macht das Projekt deutlich, dass Kunst Kommunikation, Beziehung und Integration bedeutet?*

3. *Vergleichen Sie die beiden oben genannten Ansätze gestalterischen Tuns mit Holz. Was spricht für, was*
   gegen freie bzw. planmäßige Gestaltungsarbeit mit Holz? Beziehen Sie einen eigenen Standpunkt und
   begründen Sie ihn.

5.5 Werkstoff Stein

Aufgabe

1. *Sammeln Sie verschiedene Steine und legen Sie sie vor sich hin. Wie sehen die Steine aus? Wie fühlen*
   sie sich an, wenn sie darüberstreichen bzw. sie in die ganze Hand nehmen? Wo haben Sie die Steine
   gefunden? Welche Gestaltungsmöglichkeiten könnten Sie sich vorstellen?

2. *Haben Sie schon gestalterische Aktivitäten mit Stein kennengelernt bzw. durchgeführt? Berichten Sie*
   über Ihre Erfahrungen. Liegt Ihnen das Material? Begründen Sie Ihre Einstellung.

Werkstoff Stein

5.5.1 Theoretische Zusammenhänge

Das Gestalten mit Stein hat einen ganz besonderen Reiz. Es ist ein bekannter und doch für kreative Zwecke weitgehend neuartiger Stoff mit ganz eigenen formgestalterischen Möglichkeiten. Der einzigartige Materialwiderstand fordert Kraft, Ausdauer und Durchhaltevermögen, die natürliche Form des Werkstoffes regt die Fantasie an. Ganz eigene taktile Erfahrungen können gemacht werden über die Struktur der Oberfläche und das Ertasten von Wölbungen und Vertiefungen, von Kanten, Ecken und Flächen.

Material

Fundsteine
Ähnlich wie beim Fundholz handelt es sich auch bei diesem Material um einen natürlichen Rohstoff, der frei zugänglich ist und zu allerlei Gestaltungsaktivitäten anregt. Ob es um Steinformen und -farben geht, um Steinbilder oder Steinfiguren, Steine lassen sich sammeln, bemalen, legen, ritzen oder zusammenkleben.

Anregung

Der Künstler Victor Brauner hat zwischen 1934 und 1940 Feldsteine fantasievoll gestaltet, indem er sie mehrdeutig bemalte.
Den „Fantastischen Kopf" hat der Künstler nicht bildhauerisch bearbeitet, sondern ihn als „object trouvé" (Fundstück) verwendet.
Durch die runenartigen Zeichen, mit der er seinen Stein bemalt, verleiht er ihm eine besondere magische Wirkung.

Victor Brauner, Tête phantastique, 1934 oder um 1940, bemalter Feldstein auf Plexiglassockel montiert, Stiftung Wilhelm Lehmbruck Museum, Duisburg

Aufgabe

1. Sammeln Sie Steine unterschiedlicher Größe und Färbung und bemalen Sie sie mehrdeutig.

2. Sie begleiten eine Ferienfreizeit mit Menschen mit körperlichen Behinderungen, auf einem gemeinsamen Spaziergang beobachten Sie, dass einige Mitglieder Ihrer Gruppe Steine sammeln. Wie reagieren Sie?

Kapitel 5 | Dreidimensionales Gestalten

Der schottische Künstler Andy Goldsworthy arbeitet vorwiegend im Freien und verwendet dabei natürliche Werkstoffe wie Blätter, Eis, Bäume und Steine.

Ähnlich wie in nebenstehendem Foto schichtet oder ordnet auch Goldsworthy z. B. Steine oder Laubblätter zu eigenwilligen Formen und grenzt sie so von ihrer Umgebung ab, jedoch ohne sie als Fremdkörper erscheinen zu lassen.

Der Zeitpunkt von Goldsworthys Aktionen wird exakt angegeben, weil seine Arbeiten im Freien bleiben und damit letztlich schmelzen, umfallen oder verfaulen.

Verschiedenfarbige Steine als Turm angeordnet

Aufgabe

1. Die Arbeiten Goldsworthys sind überwiegend kurzlebig und zeugen von Vergänglichkeit. Stellen Sie Möglichkeiten und Grenzen heraus, die mit dieser besonderen Form des ‚Kunstmachens' verbunden sind.

2. Informieren Sie sich über Leben und Werk des Künstlers.

3. Sehen Sie Bedeutsamkeiten für die gestalterische Arbeit mit Menschen mit Behinderung?

4. Suchen Sie vielerlei Varianten von Naturmaterialien (Steine, Blätter, Holzstücke …) und entwickeln Sie damit eine eigene Komposition. Arbeiten Sie im Freien und fotografieren Sie den Entstehungsprozess, wie auch die Veränderungen, die nach einigen Tagen feststellbar sind.

Material

Ytong – ein weißer Baustein, der aus Abfallprodukten der Industrie (z. B. Hochofenschlacke) mithilfe eines Gärungsprozesses hergestellt wird – bezeichnet man auch als Leichtbaubeton oder Blähbeton. In Platten- oder Blockform erhältlich, zeichnet sich Ytong durch seine weiche Beschaffenheit aus, sein relativ geringes Gewicht macht ihn zum idealen Gestaltungsmaterial für Menschen mit Behinderung. Auch Menschen mit handmotorischen Einschränkungen können diesen nachgiebigen Stein manipulieren und damit Spuren hinterlassen. Durch die auf die Entstehung hinweisenden Poren ist Ytong sehr lebendig und fordert zu großformatigem Arbeiten heraus. Das Material ist witterungsbeständig (nicht frostfest) und somit können Objekte auch im Außenbereich aufgestellt werden. Ytongsteine sind in unterschiedlichen Formaten und Größen in Baustoffhandlungen zu erwerben, es gibt darüber hinaus einen speziellen Kleber, mit dem sich einzelne Steine problemlos kombinieren lassen. Ytong ist bruchgefährdet und muss deshalb behutsam transportiert werden.

Speckstein[1] – auch unter dem Namen Seifenstein bekannt – ist ein Naturprodukt, das je nach Oxid- und Metallanteilen in verschiedenen Farbabstufungen vorkommt und einen fettigen Glanz aufweist. Speckstein, wissenschaftlich auch Steatit genannt, wird je nach Härtegrad für Fußbodenbeläge, Wand- und Ofenkacheln und für künstlerische Zwecke verwendet.
Speckstein ist als Rohmaterial preiswert und in größeren Bastelgeschäften zu bekommen. Der Werkstoff ist ohne besondere Kraftanstrengung zu bearbeiten, da eigentlich nicht mit scharfen Gegenständen gearbeitet wird, ist die Verletzungsgefahr gering. Speckstein ermöglicht dreidimensionales Arbeiten auch ohne hoch entwickelte Feinmotorik, Zufallsergebnisse können in den Schaffensprozess integriert werden, sodass auch hier die Arbeit mit dem Material selbst zu einem Wert wird.

---

[1] *In Bayern ist die Verwendung von Speckstein in der Arbeit mit behinderten Menschen nicht gestattet.*

Werkstoff Stein

Für die subtraktive Bearbeitung der Steine verwendet man Steinwerkzeuge wie Raspeln, Feilen und Sägen. Bei Ytong werden die groberen Arbeiten mit einem Stechbeitel und einem Hammer durchgeführt.

Mit Stein arbeitet man am Besten im Freien. Grundsätzlich sollte man den Boden mit einer dicken Kunststoffplane abdecken, damit der Staub später problemlos entfernt werden kann.

> **Anregung**
>
> Große Künstler haben sich über unterschiedliche Materialien der Bildhauerei mit dem Stein gewidmet, sie entwickelten dabei ganz individuelle Ausdrucksformen. Zentrales Anliegen des in Paris tätigen Rumänen Constantin Brancusi etwa war es, in seinen Steinskulpturen Naturformen auf das Wesentliche zu reduzieren. Einflüsse ‚ursprünglicher', primitiver oder archaischer Kulturen, z. B. aus Afrika, waren dabei entscheidend. Brancusi gilt als Mitbegründer der abstrakten Plastik.

Constantin Brancusi: Der Kuss, 1922

> **Aufgabe**
>
> 1. Sammeln Sie Informationen über Leben und Werk des Künstlers.
>
> 2. „Einfachheit ist in der Kunst kein Ziel, aber wir gelangen dorthin, ob wir wollen oder nicht." (Constantin Brancusi) Nehmen Sie Stellung zu diesem Zitat und versuchen Sie einen Bezug zu der abgebildeten Skulptur herzustellen. Welche Bedeutung könnte Brancusis Aussage für die gestalterische Arbeit mit Menschen mit Behinderung besitzen?

5.5.2 Praktische Umsetzung

Grundsätzlich lassen sich mit Ytong sowohl Reliefs als auch Vollplastiken erstellen. Das Material verlangt eine grob strukturierte Gestaltung, die sich zunächst mit der Säge herstellen lässt und dann mit Hammer und Meißel weiterentwickelt wird.

Mit Speckstein lassen sich besonders gut geschlossene runde Formen erstellen. Auch hier beginnt man mit grobem Werkzeug, um mit feinem die Details zu bearbeiten, zum Schluss wird die Oberfläche mit Schleifpapier geglättet. Wenn Speckstein im Raum bearbeitet wird, empfiehlt es sich, feuchte Tücher aufzuhängen, die den Staub schlucken können. Das fertige Objekt kann mit Öl oder Fett weiterbehandelt werden, damit die Eigenschaften des Materials noch deutlicher hervortreten.

Kapitel 5 | Dreidimensionales Gestalten

Steine lassen sich zu einem bestimmten Thema gestalten, der besondere heilpädagogische Wert liegt allerdings auch hier in der freien Arbeit. Im Gestaltungsprozess entwickelt der Schaffende Ideen und Assoziationen, die zum Ausgangspunkt für das kreative Tun werden. Die Arbeit am Stein intendiert die Förderung von Bewegungs- und Koordinationsabläufen. Darüber hinaus sind die spezifischen Material- und Werkzeugerfahrungen für Menschen mit Behinderung wertvoll. Eine vertiefte Sinnesschulung bildet die Grundlage für eine gestaltete Darstellung von innerlich Geschautem und Erlebten.

Anregung

Ein Schülerbericht über ein Projekt mit Bewohnerinnen des Stiftes Tilbeck, Wohnstätte für geistig behinderte Frauen

Im Rahmen von kreativen Angeboten um den alljährlich stattfindenden Weihnachtsmarkt des Stiftes Tilbeck gestaltete eine Gruppe von ca. 12 Bewohnerinnen ausdrucksstarke Krippenfiguren. Unterstützt wurden sie dabei von SchülerInnen der Fachschule für Heilerziehungspflege in Coesfeld.

An 5 Tagen trafen sich SchülerInnen und Bewohnerinnen, um gemeinsam die überdimensionalen Ytongsteine zu bearbeiten.

Jede Bewohnerin wurde von einer Schülerin betreut, dabei entstanden neue Kontakte, das Abholen und Wegbringen vor bzw. nach jeder Aktivität vertiefte dieses Miteinander noch.

Bei der Arbeit am Stein waren die Frauen durchweg sehr engagiert. In der Anfangsphase wiesen die SchülerInnen noch die Richtung, beim ersten groben Zuschneiden der Steine lag manche Säge noch in Schülerhand, während die Frauen neugierig und interessiert zu-schauten. Es dauerte jedoch nicht lang, da arbeiteten die Bewohnerinnen begeistert an ihrem Stein und zeigten gerne und immer wieder voller Stolz jede Veränderung und jeden Fortschritt an. Bemerkenswert war, dass es eigentlich keine Berührungsängste gab, obwohl das Material fremd und ungewohnt war. In der zweiten Sitzung bereits zogen sich die Frauen selbstständig Schutzkleidung und Handschuhe an und machten sich ohne Aufforderung an die Arbeit.

Interessant waren auch die unterschiedlichen Vorlieben für einzelne Arbeitsschritte. Einige Frauen nahmen immer wieder Hammer und Stechbeitel zur Hand, auch als die eigentliche Form längst herausgearbeitet war, während andere offensichtlich die Raspeln favorisierten und hingebungsvoll an den Feinformen feilten.

Obwohl Bewohnerinnen wie SchülerInnen nach jedem Termin sichtlich erschöpft waren, konnte man die Vorfreude auf das nächste Treffen immer schon spüren.

Als die Skulpturen schließlich im Zentrum des Weihnachtsmarktes aufgestellt wurden, kannte der Stolz der Frauen keine Grenzen. So sah man Christa S. wie sie am Tag des Weihnachtsmarktes von Besucher zu Besucher lief und jedem klarzumachen versuchte, dass sie an der Erstellung dieser Kunstwerke mitgewirkt hatte.

Aufgabe

1. Welche organisatorischen Bedingungen müssen vor Beginn eines solchen Projektes bedacht werden?

2. Welche besonderen Möglichkeiten ergeben sich aus diesem Projekt
   - für die Menschen mit Behinderung?
   - für die SchülerInnen?
   - für die Einrichtung?
   - für die Besucher des Weihnachtsmarktes?

3. Können Sie sich in einer Ihnen bekannten Einrichtung der Behindertenhilfe ein ähnliches Projekt vorstellen? Warum bzw. warum nicht?

5.6 Werkstoff Metall

5.6.1 Material

Grundsätzlich lassen sich die unterschiedlichen Metalle experimentell durch Biegen, Schneiden, Drehen usw. bearbeiten und ggf. mit anderen Materialien verbinden. Aus Metallabfällen aller Art (Konservendosen, Fahrradteilen, Maschinenteilen, Drahtreste …) lassen sich neue Kompositionen gestalten, wobei darauf zu achten ist, dass von zahlreichen Metallresten durch scharfkantige Ränder eine Verletzungsgefahr ausgehen kann. Hier wäre es im Vorfeld wichtig, Kanten glatt zu feilen oder mit Kreppband abzukleben.

Von den zahlreichen Metallsorten, die beim künstlerischen Gestalten heute zum Einsatz kommen können, sollen hier nur einige erwähnt werden, die sich als sogenannte „Halbzeugfabrikate" in Form von Blech, Draht, Rohren und Stäben für die gestalterische Arbeit mit Menschen mit Behinderung anbieten.

5.6.2 Praktische Umsetzung

Metall drücken, prägen

Material: Kupfer-, Messing- oder Aluminiumblech mit einer Stärke 0,15 – 0,2 mm Stärke (Folien-Drückblech) in unterschiedlichen Farben, Drückwerkzeuge oder Nägel bzw. Holzspieße mit abgerundeten Spitzen, Schere, weiche Unterlage (dicke Zeitung)
Die zugeschnittene Folie wird auf eine dicke Zeitung gelegt, für kleinere Formate eignen sich auch Bierdeckel. Mit einem spitzen Gegenstand werden nun Ornamente und Figuren auf das Blech gedrückt, d. h. geprägt.

Metall biegen

Material: mittelharter Aluminiumdraht, der sich leicht formen lässt und dennoch eine gewisse Stabilität gewährleistet, Zangen, dünner Bindedraht
Aus einem Stück Draht lassen sich durch Drehen, Winden, Ziehen, Biegen lineare Figuren und Gestalten formen.
Diese Formen lassen sich beliebig durch weitere Metallteile ergänzen, farblich gestalten oder in anderer Form weiter bearbeiten.
Das fertige Werkstück kann schließlich entweder mit Krampen auf einem Holzsockel befestigt werden oder als bewegliche Plastik so fixiert werden, dass sie sich frei bewegen kann.

Kapitel 5 | Dreidimensionales Gestalten

Anregung

Der Künstler Alexander Calder formte bereits in den frühen Jahren seiner künstlerischen Tätigkeit Spielfiguren, Köpfe, Tiere usw. aus Draht. Einige Figuren bestanden ganz aus Draht, in andere fügte Calder allerlei Fundstücke ein wie Wäscheklammern, Holzstücke u. Ä. oder er bemalte einzelne Teile aus Blech oder Draht.

Weltruhm erlangte Calder mit seinen windgetriebenen Mobiles, bei denen an Drähten befestigte Metallscheiben durch einen Windhauch in Bewegung gesetzt werden.

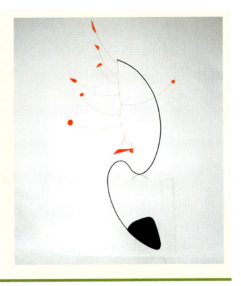

Alexander Calder (Lawnton/Philadelphia 1898–1976
New York), Ohne Titel (Tischmobile mit S), um 1940,
Eisen und Draht, schwarz und orange bemalt,
Stiftung Wilhelm Lehmbuck Museum, Duisburg

Aufgabe

1. Beschreiben Sie die dargestellte Plastik und versuchen Sie, den Entstehungsprozess nachzuvollziehen.

2. Tragen Sie Informationen über Leben und Werk des Künstlers zusammen.

3. Sammeln Sie Drahtreste und versuchen Sie, diese zu einer eigenen Komposition zusammenzustellen. Stellen Sie die Ergebnisse im Klassenverband vor.

5.7 Objektkunst

Aufgabe

1. Kennen Sie bekannte Beispiele für Objektkunst? Sammeln Sie Informationen aus Fachbüchern und Medien über Werkbeispiele und Künstler und tauschen Sie sich im Klassenverband aus.

2. Inwiefern besitzt der Bereich Objektkunst eine Bedeutung für die gestalterische Arbeit mit Menschen mit Behinderung? Welche Ziele ließen sich Ihrer Meinung nach formulieren?

Die Auseinandersetzung mit Objekten im Rahmen von Anhäufungen, Verhüllungen und Umformungen lässt auch für Menschen mit Behinderung zunächst eine besonders intensive Erfahrung von Materialien oder Prozessen zu.
Ungewöhnliche Techniken und neue Zusammenhänge ermöglichen in der Objektkunst ganz spezifische Materialerfahrungen, Ausprobieren und schöpferische Entfaltung besitzen eine Vorrangstellung, der Selbstausdruck wird betont.
Farb- und Formunterscheidungen werden angeregt, feinmotorische Fähigkeiten trainiert. Beim Gestalten steht seltener ein konkretes Ergebnis vor Augen, sodass der Weg in besonderem Maße das Ziel darstellen kann.

5.7.1 Theoretische Zusammenhänge

Materialien
Die unterschiedlichen Gestaltungsmaterialien sind meist nicht als solche ausgewiesen, ihre individuellen Möglichkeiten für einen kreativen Gestaltungsprozess müssen vielmehr aufgesucht und vom Gestalter aufgedeckt werden. So kann letztlich jedes Material und jeder Gegenstand für die Gestaltung eines Objektes verwendet werden. Der Ausgangspunkt ist also eine möglichst reichhaltige Sammlung von Holz- und Metallteilen, Draht, Papieren, Bändern und Schnüren, Pappen, Zeitungen, Fotos, Naturmaterialien, Wegwerfmaterialien, Erinnerungsstücke, Fundstücke usw.

Objektkunst

Werkzeuge

Die Werkzeuge müssen für die Bearbeitung der Materialien geeignet sein, neben Sägen, Scheren, Hämmern, Bohrern, Feilen werden vor allem Nägel, Schrauben, Klebstoffe, Bindfäden, Scheren usw. benötigt. Dabei ist natürlich zu beachten, dass die Auswahl der Werkzeuge im Zusammenhang stehen muss mit den Voraussetzungen der gestaltenden Menschen mit Behinderung, vor allem ist darauf zu achten, dass Verletzungsgefahren weitmöglichst ausgeschlossen werden.

> *„Viele Gründe sprechen dafür, Allgegenwärtiges und Ausgesondertes zum Material von Kunst und Gestaltung zu machen: Es lässt überraschende Zusammenhänge aufscheinen und regt aufgrund seiner Bezüge zum Alltag deutende und sinnstiftende Bearbeitungsmöglichkeiten an. Schon wenn man ein Ding bemerkt, hat es der persönliche Wahrnehmungsfilter aus der Fülle der uns zufallenden Reize ausgewählt. Das Subjekt erkennt das Objekt als etwas Besonderes, wird es möglicherweise aufheben, betrachten und in Gedanken verwandeln. (…)*
>
> *So entsteht aus Teilen unterschiedlicher Funktions- und Materialqualitäten durch Präsentation, Konstruktion oder Montage ein ästhetisches Ensemble, das nicht einfach beliebig Summe seiner Teile ist, sondern sich als Ergebnis einer wachen Auseinandersetzung mit den Dingen und ihren sinnstiftenden Eigenschaften zu Neuem fügt. Eine künstlerische Bearbeitung in diesem Sinne aktiviert und erweitert die Aufmerksamkeit im Alltag. Gerade dort verliert sich mit zunehmender Fixierung auf ausnahmslos zielgerichtete, geplante Aktivitäten die Fähigkeit, offen und neugierig auf Dinge zu reagieren, sie gedanklich zu umkreisen, spielerisch zu variieren und ihnen immer wieder neu individuelle Bedeutung abzugewinnen. Das spontane Eingehen auf jede unvorhergesehene Begegnung übt, Störungen von Gewissheiten auszuhalten, den Standpunkt zu wechseln, Gewohnheiten aufzubrechen und Zufälliges kreativ zu nutzen."*
> **(Kathke, 2001, S. 153)**

Aufgabe

1. Besitzen die von der Autorin formulierten Argumente für die Auseinandersetzung mit Objektkunst Relevanz für die gestalterische Arbeit mit Menschen mit Behinderung? Begründen Sie Ihren Standpunkt.

Ganz nach Gestaltungsanlass und -technik lassen sich die unterschiedlichsten Materialien und Werkzeuge zur Anwendung bringen.

5.7.2 Praktische Umsetzung

Objekte sammeln und ausstellen

Gegenstände der Zivilisation, des alltäglichen Konsums: Uhren, Zahnbürsten, Brillengestelle, Schlüssel, Fotos, Zeitungsausschnitte, Notizen, Fundstücke aller Art können zufällig improvisiert oder seriell angeordnet bzw. auf andere Weise angehäuft oder miteinander verbunden werden.

Damit ist eine intensive und individuelle Auseinandersetzung mit den ausgewählten Materialien verbunden, darüber hinaus fordert die Auswahl und die Art der Präsentation der Materialien nicht nur die Aufmerksamkeit, sondern kann auch als Informations- bzw. Kommunikationsangebot für den Betrachter fungieren.

Ein auf dem Tisch ausgebreiteter Haufen von Materialien oder Fundstücken soll Klassifizierungen anregen und zur Bildung von Material-, Farb- oder Formgruppen führen, die sich in adäquaten Behältnissen (Dosen, Kartons, Kisten, Schachteln …) präsentieren lassen.

Kapitel 5 | Dreidimensionales Gestalten

Anregung

„‚Ensemble' nenne ich die Sammlung und räumliche Anordnung von Materialien (...) die entstehen in Anwendung einer bestimmten Methode (…). Die Methode ist insoweit für mich auch Hilfe bei Problemlösung, Alltagsbewältigung, vielleicht auch Lebensbewältigung (…). Das Ensemble soll Erkenntnisvorgänge sichtbar machen, dokumentieren, erleichtern. Jedes Ensemble umschreibt (beschreibt) ein Thema, kreist ein (untersucht) einen Konflikt, ein Problem und ist gleichzeitig Erinnerungshilfe bei weiterführenden Reflexionen und nicht zu vergessen mein Kommunikationsangebot, in dem ich allerdings versuche, Anpassungszwänge und Verhaltensklischees zu unterwandern." **(Oppermann, 1979)**

Anna Oppermann, ‚Anders sein', 1981, Bonner Kunstverein, Bonn

Aufgabe

1. Das Sammeln und Anhäufen von Materialien und Gegenständen besitzt eine lange Tradition. Stellen Sie Vermutungen an zur Bedeutung solcher Aktivitäten.

2. Inwieweit vermag eine Materialansammlung wie bei A. Oppermann zur Problemlösung beizutragen, inwieweit initiiert sie Kommunikation?

3. Stellen Sie in einem anspielungsreichen Umfeld (Aschengrund, Holzwolle, Plastiktüte) ein Ensemble zusammen, mit dem Sie auf ein Problem aufmerksam machen. Präsentieren Sie die Arbeit im Klassenverband und protokollieren Sie die Reaktionen der anderen.

4. Planen Sie ein gestalterisches Angebot für Menschen mit Behinderung, in dem Objekte gesammelt und ausgestellt werden. Worauf müssen Sie achten?

Eine besondere Art der Ausstellung von Materialien widmet sich dem Sammeln von Spuren, Resten und Zeichen, mit denen eine vergangene Wirklichkeit rekonstruiert wird. Im Sinne einer Spurensicherung soll Vergangenes sichtbar gemacht und subjektiv erfahrbar gemacht werden.

Anregung

Der Künstler Nikolaus Lang sammelte die Spuren von vier Geschwistern, die als Außenseiter in der Nähe eines kleinen bayerischen Dorfes lebten. Insgesamt hat Lang 238 Objekte zusammengetragen, die er gefunden hat, vom grünen Filzhut über einen Kopfkissenbezug (von einer Maus für Nestmaterial zernagt) bis zum Andachtsbild (‚Heiliges Herz Jesu, ich vertraue auf dich'). Alles wurde sorgsam katalogisiert und in flachen Kisten und Kästen angeordnet.

Nikolaus Lang, ‚Für die Geschwister Götte', 1974, Städtische Galerie im Lenbachhaus, München

Objektkunst

Aufgabe

1. Welche Zielsetzung könnte von dieser Kunstform ausgehen?

2. Kennen Sie andere Formen der Spurensicherung?

3. Welche besonderen Möglichkeiten könnten für Menschen mit Behinderung von dieser Gestaltungsmethode ausgehen? Sehen Sie Grenzen?

4. Entwickeln Sie ein „Spurensicherungsprojekt" in Ihrer unmittelbaren Umgebung, das sich auf eine Person oder ein Ereignis beziehen kann. Wie ließen sich die zusammengetragenen Objektelemente präsentieren?

Objekte zusammenfügen

Neben der Anordnung ganz unterschiedlicher Materialien lassen sich auch ähnliche oder verwandte Elemente miteinander arrangieren.

Anregung

So stellt die Amerikanerin Louise Nevelson 35 Holzkisten zu einer Wand zusammen, die sie mit einer Fülle von Holzabfällen und Fundstücken aus Drechseleien, Möbellagern oder von Flohmärkten ausstattet und golden anmalt.

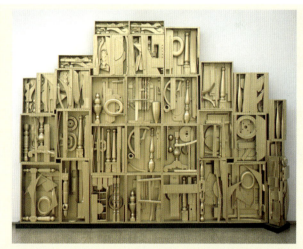

Louise Nevelson, Königliche Gezeiten 4, 1960, Museum Ludwig, Rheinisches Bildarchiv Köln

Aufgabe

1. Erläutern Sie den Begriff ‚Assemblage' und finden Sie weitere Werkbeispiele.

2. Sammeln Sie alte, zerschnittene und bemalte Kunststoffbehälter des Haushaltes und arrangieren Sie sie zu einer Assemblage. Protokollieren Sie den Entstehungsprozess und stellen Sie die Ergebnisse im Klassenverband vor.

3. Planen Sie ein gestalterisches Angebot in einer Ihnen bekannten Einrichtung der Behindertenhilfe, indem Sie ausgehen von Materialien, die in der Werkstatt gesammelt werden. Wie ließe sich daraus eine Assemblage gestalten? Worauf müssten Sie achten? Wie ließe die Objektkunst sich präsentieren?

Fundstücke des Alltags lassen sich darüber hinaus zu Objektplastiken montieren.

Kapitel 5 | Dreidimensionales Gestalten

Anregung

Der französische Künstler favorisierte eine antiintellektuelle Kunst und beließ in seiner Assemblage aus Schwämmen und Werg ganz bewusst das Material in seiner ursprünglichen rohen Ausdruckskraft.

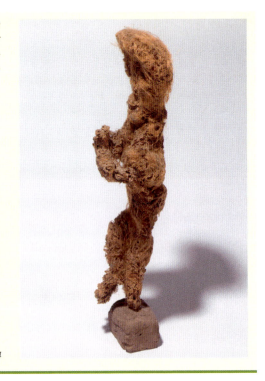

Jean Dubuffet, ‚Der Tänzer', 1954

Aufgabe

1. Wie ist es zu verstehen, dass Dubuffet abseits des etablierten Kunstsystems die kreativen Aktivitäten von Außenseitern und Sonderlingen sammelte und förderte?

2. Tragen Sie Informationen zusammen über ‚Art Brut', arbeiten Sie in Gruppen und stellen einige von den beteiligten Sammlungen vor.

„Bei einem Eisenwarenhändler ließ Picasso eine rechteckige Basis fertigen, auf der sich bis etwa in die Höhe von einem Meter ein gebogenes Eisenrohr erhob, das die Form des Seils in dem Augenblick hatte, da es den Boden berührt. (...) Der Rumpf des Kindes bestand aus einem jener flachen Körbe, deren man sich bedient um die Orangenblüten für die Parfümfabriken zu sammeln. (...) Unten am Korb befestigte Pablo gefaltetes Packpapier. Darein goss er den Gips und entfernte das Papier, nachdem er trocken war. So entstand der Rock. Daran befestigte er kleine, in Holz geschnitzte Beine. Auf dem Schuttladeplatz hatte er zwei große Schuhe (beide für den rechten Fuß) gefunden, die er mit Gips ausfüllte und an den Beinen anbrachte. Für das Gesicht benutzte er den runden Deckel einer Schokoladendose (...). Diesen Abdruck setzte er auf eine rechteckige Gipsform, die er durch Aufdrücken eines Stücks Wellpappe mit Streifen versehen hatte (...)."

(Francoise Gilot, 1964)

Pablo Picasso, ‚Seilhüpfendes Mädchen', 1950, Musée Picasso Paris

Objektkunst

Aufgabe

1. Stellen Sie selbst ein Objekt her, indem Sie alltägliche Dinge zu einer Objektplastik zusammenbringen. Protokollieren Sie den Entstehungsprozess und stellen Sie die Ergebnisse in der Klasse vor.

2. Sie haben die Aufgabe, mit den Bewohnern einer Ihnen bekannten Einrichtung der Behindertenhilfe eine Objektplastik für den Eingangsbereich zu gestalten. Welche Überlegungen müssen Sie vor Beginn eines solchen Projektes anstellen? Welche Ideen haben Sie für die Realisierung? Welche Grenzen sehen Sie? Planen Sie in Gruppen und stellen Sie Ihre Ergebnisse im Klassenverband vor.

Objekte verändern und verfremden

Bei dieser Methode werden Gegenstände oder Bilder aus dem üblichen Zusammenhang genommen und in einen anderen Kontext gestellt. Dabei kann die ursprüngliche Erscheinungsform auf ganz unterschiedliche Weise verändert bzw. verfremdet werden. Eine ausgedrückte Zahncremetube, eine Schallplatte, Wäscheklammern, eine Bürste, unscheinbare Dinge lassen sich durch Bemalen, Bekleben, Verkleinern, Vergrößern usw. gestalterisch manipulieren und damit kreativ umdeuten.

Anregung

Günther Uecker verfremdet Holzbretter oder Möbelstücke, indem er Nägel so einschlägt, dass sie Muster bilden. Der Einsatz von Farbe ergänzt häufig die Objektveränderung.

Günther Uecker, Kreation ‚TV', 1963

Aufgabe

1. Recherchieren Sie den Entstehungsprozess des abgebildeten Objektes.

2. Welche Zielsetzung ist mit der dargestellten Objektkunst verbunden?

3. Tragen Sie Informationen zusammen über Leben und Werk des Künstlers.

4. Können Sie sich vorstellen, in einer Ihnen bekannten Einrichtung der Behindertenhilfe Objekte zu verändern bzw. zu verfremden? Arbeiten Sie in Gruppen an konkreten Gestaltungsvorschlägen und stellen Sie die Ergebnisse im Klassenverband vor.

Kapitel 5 | Dreidimensionales Gestalten

Objekte verhüllen

Mit dem Verpacken bzw. Verhüllen von Objekten verbinden sich unterschiedliche Aspekte: Einerseits geht es um die Aktion des Verpackens, mittels unterschiedlichster Materialien lassen sich Dinge umfalten, verschnüren, einwickeln etc., dabei wird die Verpackung für sich zu einem ganz eigenen Ausdrucksträger.

Die verpackten bzw. verhüllten Objekte besitzen darüber hinaus eigene ästhetische Qualitäten, die gewissermaßen ‚hinter der Verpackung' zum Ausdruck gelangen.

Schließlich entziehen sich verpackte bzw. verhüllte Objekte dem Auge des Betrachters. Damit bergen sie so etwas wie ein Geheimnis in sich und wecken auf eine ganz natürliche Art unser besonderes Interesse und unsere Neugier.

Nach der Enthüllung kann das ehemals verborgene Objekt mit ganz anderen Augen betrachtet werden.

Anregung

Das New Yorker Künstlerpaar Christo und Jeanne-Claude verpackt in aller Welt Dinge. Sie beginnen 1958 mit kleinen Gegenständen, gehen jedoch in den 60er-Jahren zu erheblich größeren Formaten über wie dem Reichstag in Berlin. Sie verwenden dazu Gewebe und Seile, die das verpackte Objekt verhüllen, aber noch erahnen lassen. Die Projekte haben immer einen festgesteckten zeitlichen Rahmen.

Christo und Jeanne Claude: Verhüllter Reichstag, Berlin. 1971–1995, Foto: Wolfgang Volz, © 1995 Christo

Aufgabe

1. Verhüllen Sie mit einfarbigen Stoffen einen alltäglichen Gegenstand, sodass ein geheimnisvolles Objekt entsteht. Stellen Sie die Objekte im Klassenverband vor und dokumentieren Sie die Reaktion der anderen.

2. Sammeln Sie Informationen über Leben und Werk der Künstler.

3. Dokumentieren Sie den Ablauf der Aktion ‚Verhüllter Reichstag'. Setzen Sie sich dabei auch mit den Einwänden vieler politischer Gegner des Projektes auseinander, ein Symbol deutscher Geschichte und damit die Würde des deutschen Parlaments würden verletzt.

Verpackungen bzw. Verhüllungen lassen sich mit den unterschiedlichsten einfachen Materialien wie Papieren, Stoffen, unterschiedlichsten Bändern und dünnen Drähten arrangieren.

Objektkunst

Anregung

Verpacken von Personen und Arbeitstischen
(Ein Praxisbericht aus der Schule für Menschen mit geistiger Behinderung)

Material: Makulaturrollen mit ca. 25 cm breiten Bahnen, Arbeitstische, Stühle
Die Motivation der Schüler erfolgte dadurch, dass der Lehrer einen guten Meter Papier von einer Makulaturrolle abriss und sich das Stück Papierbahn schnell um den Hals wickelte und zu einer Halskrause formte. Im Nu wurden von den Kindern weitere Rollen ausgepackt. G. kam zuerst auf die Idee, jemanden einzuwickeln. W. stellte sich spontan zur Verfügung. Als G. beim Umwickeln die Rolle immer wieder aus der Hand glitt, kam H. hinzu, der das Umrollen des Körpers übernahm, während G. die einzelnen Bahnen festhielt. Sie gingen beide so hastig vor, dass ihnen das glatte Papier immer wieder abrutschte. W. übernahm wesentlich erfolgreicher das Umwickeln, mit Geschick und Konzentration war sie bei der Sache. Dann präsentierte sie das vollendete Werk. E. nahm noch schnell ein paar Veränderungen vor, indem sie den „zur Papiersäule verwandelten Menschen" mit Kreide verzierte.
Der Körper des Menschen soll durch das Verpacken als räumlich-plastischer Gegenstand sichtbar (verfremdet) werden.
Die Destruktion der Hülle wirkt dann als Befreiung, deutlich sichtbar an W.'s Lachen und den emporgeworfenen Armen. G., die das aus nächster Nähe miterlebte, schien das Wiedersehen ebenso als Befreiung zu empfinden, sie lachte und bewegte ihre Arme schwungvoll.
Während andere nach mitgebrachten Schallplatten tanzten und sich dabei entspannten, verwendete G. spontan die noch unverbrauchten Rollen zur Verpackung ihres Arbeitstisches. Zusätzlich benutzte sie noch Tapetenrollen, die sonst zum Malen dienen. Der verpackte Arbeitstisch wurde mit einem gemalten Menschenbild verschönert. Abschließend verpackte sie ihren Stuhl, wobei sie ihren Unmut über das Möbelstück ausdrückte, indem sie sagte: „Den blöden Tisch schick ich Herrn K. – und den Stuhl gleich hinterher."
Das seinem gewöhnlichen Verwendungszweck entfremdete Mobiliar und das Makulatur- bzw. Tapetenpapier wirkte als Aktionsstimulus. Es wurden Aktionsabläufe erfunden, wodurch Material und Raum neu und ungewohnt strukturiert wurden. Über G. gab es nach der Aktion eine gute Woche lang keine Klagen über unkontrolliertes Steine werfen auf dem Schulhof; auch mit W. kam G. vorübergehend besser aus.
(Theunissen, 1997, S. 155)

Aufgabe

1. *Stellen Sie die Zielsetzung dieser Verpackungsaktion heraus.*

2. *Haben Sie eine Erklärung für G.s verändertes Verhalten?*

3. *Finden Sie weitere Anlässe und Gestaltungsmöglichkeiten für Objektkunst mit Menschen mit Behinderung.*

Literaturverzeichnis

- Adams-Wollschläger, Doris: Orchideendasein, Kunst und Künstlerinnen in Einrichtungen, in: Orientierung, Fachzeitschrift der Behindertenhilfe, 2/2000

- Aissen-Crewett, Meike: Ästhetische Erziehung und Behinderte, Dortmund 1989

- Aissen-Crewett, Meike: Kunst und Therapie mit Gruppen, Dortmund 1997

- Aissen-Crewett, Meike: Am Anfang war die Kunst, in: Zusammen. Zeitschrift für behinderte und nichtbehinderte Menschen, Heft 5, 1996, S. 12

- Alexianer, Freies Atelier und Kunsttherapie in der Psychiatrie, Münster 2001

- Assmann, Milly: Von der Verwahrung zum Wohnen, Projekt Künstlergruppe, in: Kunst, ästhetische Praxis und geistige Behinderung, hrsg. v. Georg Theunissen, Bad Heilbrunn, Klinkhardt, 1997.

- Aufbruch, Magazin der Evangelischen Stiftung Alsterdorf, Heft 4, Dezember 2003

- Bundesvereinigung Lebenshilfe e.V.: Wir haben euch etwas zu sagen, Bildnerisches Gestalten mit geistig Behinderten, Marburg 1987

- Braun, E.: Alle Wege führen zur „Kunst", in: Orientierung, Fachzeitschrift der Behindertenhilfe, 2/2000

- Bücher, Joachim: Max Ernst, Gemälde, Grafik, Skulptur (Ausstellungskatalog), Sprengelmuseum, Hannover, 1989

- Bundesvereinigung Lebenshilfe e.V.: Kunst und Kreativität geistig behinderter Menschen, Marburg 1998

- Buß, Heinz/Theunissen, Georg: Möglichkeiten aktionsorientierter Arbeitsformen im Kunstunterricht mit geistig behinderten Schülern, in: Kunst, ästhetische Praxis und geistige Behinderung, hrsg. v. Georg Theunissen, Bad Heilbrunn, Klinkhardt, 1997.

- Deinhardt, Heinrich/Georgens, Jan Daniel: Die Heilpädagogik mit besonderer Berücksichtigung der Idiotie und der Idiotenanstalten, Leipzig, 1861 (Gießener Dokumentationsreihe Heil- und Sonderpädagogik, Reprint 1979).

- Egger, Bettina: Malen als Lernhilfe, Bern, Zytlogge, 1982.

- Fischer, Dieter: Kunst und geistige Behinderung, in: Orientierung, Fachzeitschrift der Behindertenhilfe, 1/1987

- Gekeler, Gert/Gudarzi, Armin/Richter, Annette: Kunstgruppen, Marburg 2001

- Gekeler, Gert: Armin malt, in: Geistige Behinderung, Fachzeitschrift der Bundesvereinigung für Menschen mit geistiger Behinderung, 4/97

- Gilot, Francoise in: Pablo Picasso, seine Privatsammlung im Musee Picasso, hrsg. v. Marie-Laure Besnard-Bernda, Paris/Stuttgart/Zürich, Belser, 1987.

- Hamm, Ulrich: Farbe. Arbeitsheft, Stuttgart, Klett, 1982.

- Hansen, Gerd/Haupt, Ursula: Kreative Schüler mit Körperbehinderungen, Düsseldorf 1999

- Hellmann, Marianne/Rohrmann, Eckhard: Alltägliche Heilpädagogik und ästhetische Praxis, Heidelberg 1996

- Hietkamp, Eveline: Kunst erleben – Kunst begreifen, Köln, Cornelsen, 1998.

- Höch, Hannah: Meine Haussprüche, in: 50 Klassiker Künstlerinnen, hrsg. v. Christina Haberlik und Ira Mazzoni, Hildesheim, Gerstenberg, 2002.

- Itten, Johannes: Kunst als Farbe. Subjektives Erleben und objektives Erkennen als Wege zur Kunst, Ravensburg, Maier, 1970.

- Kathke, Petra: Sinn und Eigensinn des Materials, Weinheim, Beltz, 2001.

- Keller, Georg: Körperzentriertes Gestalten und Ergotherapie, Dortmund 2001

- Kläger, Max: Kunst und Künstler aus Werkstätten, Hohengehren 1999

- Landesverband der Lebenshilfe Rheinland-Pfalz: Projekte 2007. Workshop Bildende Kunst mit dem Blaumeier-Atelier (Bremen), online abrufbar unter www.lebenshilfe.rlp.de, Kunst und Kultur. Grenzenlos Kultur, Projekte 2007. (30.07.2007)

- Leutkart, Christine/Wieland, Elke/Wirtensohn-Baader, Irmgard: „Kunsttherapie aus der Praxis für die Praxis" verlag modernes lernen, Dortmund 2003.

Literaturverzeichnis

- Lichtenberg, Andreas: Kunsttherapeutische Arbeit mit schwerst- und mehrfachbehinderten Heimbewohnern, in: Lebenshilfe für Geistig Behinderte, Landesverband Nordrhein-Westfalen: Annehmen und Verstehen, Förderung von Menschen mit sehr schweren Behinderungen, Hürth 1991

- Lichtenberg, Andreas: Bildnerisches Gestalten von schwerst- und mehrfach behinderten Menschen in der Kunsttherapie, in: Orientierung, Fachzeitschrift der Behindertenhilfe, 1/1987 u. 1991 (S. 68)

- Mayer-Brennenstuhl, Andreas: Behinderte Kunst, in: Orientierung, Fachzeitschrift der Behindertenhilfe, 2/2000

- Menzen, Karl-Heinz: Grundlagen der Kunsttherapie, München 2001

- Meschede, Eva: „Wir lassen die Goldfische nachkommen, wenn wir wissen, wo wir bleiben." Ein Kunstprojekt in der Psychiatrie. Dokumentation zum Projekt „Wir Lassen die Goldfische Nachkommen, Wenn Wir Wissen, Wo Wir Bleiben" – ein Kunstprojekt in der Psychiatrie mit anschließender Ausstellung, Alexianer-Krankenhaus Münster, Münster, 2006.

- Müller, Angela/Schubert, Jutta: Weltsichten, Hamburg, 2001

- Müller, Markus: Graphikmuseum Pablo Picasso, Münster, Deutscher Kunstverlag München, Berlin, 2007

- Neret, Gilles: ‚Matisse' Taschen-Verlag, 2006, Köln

- Nielandt, Stefan u . Störtenbecker, Ingrid: Tagesförderung – für wen, was, warum, in: Orientierung, Fachzeitschrift der Behindertenhilfe, 1/1998

- Oppermann, Anna: Ensemble, in: Eremit? Forscher? Sozialarbeiter? Das veränderte Selbstverständnis von Künstlern (Ausstellungskatalog), Kunstverein Hamburg, 1979.

- Pawlik, Johannes: Theorie der Farbe, 6. Auflage, Köln, Dumont, 1979.

- Reinhardt, Brigitte/Renftle, Barbara: ‚Niki de Saint Phalle', Ausstellungskatalog zur Ausstellung im Ulmer Museum, 1999

- Richter, Hans-Günther: Pädagogische Kunsttherapie, Düsseldorf 1984

- Saint Phalle, Niki de: Schießbild, in: Auststellungskatalog, zur Ausstellung „Liebe, Protest, Fantasie" in der Kunsthalle Emden, 2000.

- Schöttle, Herbert: Workshop Kunst, Paderborn 2001

- Schottenloher, Gertraud: Kunst- und Gestaltungstherapie, München 1995

- Sebass, Johannes: Schlumper von Beruf, in: Zusammen, Zeitschrift für behinderte und nichtbehinderte Menschen

- Spellenberg, Anne Dore: Bilder des Lebens, in: Orientierung, Fachzeitschrift der Behindertenhilfe, 1/1987

- Steiner, Herbert: Gemeinsam gestalten, Dortmund 1992

- Tacke, Marion: Kunsttherapeutisches Arbeiten mit behinderten Menschen, in: Geistige Behinderung, Fachzeitschrift der Bundesvereinigung für Menschen mit geistiger Behinderung, 3/1999

- Tacke, Marion: in: Geistige Behinderung, Fachzeitschrift der Bundesvereinigung Lebenshilfe für Menschen mit geistiger Behinderung e. V., Heft 3, 1999.

- Tagewerk, Kunstdruckpresse Alsterdorf, Hamburg

- Theilen, Ulrike: Mach doch mit! Lebendiges Lernen mit schwerstbehinderten Kindern, München 1999

- Theunissen, Georg: Kunst, ästhetische Praxis und geistige Behinderung, Bad Heilbrunn 1997

- Theunissen, Georg: Basale Anthropologie und ästhetische Erziehung, Bad Heilbrunn 1997

- Wel: Westfälische Nachrichten, vom 20.10.2000

- Wernet, Michael C.: Es geht ums Leben, in: Orientierung, Fachzeitschrift der Behindertenhilfe, 2/2000

- Wieland, Elke/Keßler, Wolfgang: Plastisches Gestalten in der Kunsttherapie, erlag modernes lernen, Dortmund, 2005.

- Witte, Katharina: „Arbeitsplatz Kunst" in: Orientierung, Fachzeitschrift der Behindertenhilfe, 2/2000

- Wollschläger, Günther: Kreativität und Gesellschaft, Frankfurt 1972

Bildquellenverzeichnis

© Stift Tilbeck, Havixbeck, S. 9

© Kunsthaus Kannen, Münster, S. 13, 14, 27 unten, 43, 50, 56, 110

© Bildungsverlag EINS, Troisdorf/Oliver Wetterauer, Stuttgart, S. 17 Mitte

© Bildungsverlag EINS, Troisdorf/Angelika Brauner, Hohenpeißenberg, S. 17 rechts

© Jackson Pollock, ohne Titel, 1948; Artothek/Peter Willi/Pollock-Krasner Foundation/VG Bild-Kunst, Bonn 2008, S. 33

© Clyfford Still, 1948-C, akg-images, Berlin, S. 34

© Yves Klein: Blaues Schwammrelief, akg-images, Berlin/Erich Lessing/VG Bild-Kunst, Bonn 2008, S. 35

© Joan Miro: Mai 1968, 1968-1973, Acryl auf Leinwand, Fundacio Joan Miro, Barcelona/Successió Miró/VG Bild-Kunst, Bonn 2008, S. 36 links

© Niki de Saint Phalle: Schießbild, 1961, Gips, Farbe, Sammlung Pierre Restany, Paris; akg-images, Berlin/VG Bild-Kunst, Bonn 2008, S. 36 rechts

© Max Ernst: Faszinierende Zypressen, 1940, Hannover. Sprengel Museum; akg-images, Berlin/VG Bild-Kunst, Bonn 2008, S. 42 oben rechts

© Emil Nolde, Dunkle Dahlien ‚Reife Sonnenblumen', um 1930, Nolde-Stiftung, Seebüll; akg-images, Berlin, S. 44

© Franz Marc, Ruhende Pferde um 1911/12, akg-images, Berlin, S. 55

© Max Kläger, Neckargemünd, S. 58 Mitte, 58 unten (2x)

© Pablo Picasso: Frühstück im Freien, 1962; Bildarchiv Preußischer Kulturbesitz, Berlin/Succession Picasso/VG Bild-Kunst, Bonn 2008, S. 60 oben links

© Paul Klee: Kleinwelt, 1914/120; Foto Marburg/VG Bild-Kunst, Bonn 2008, S. 60 oben rechts

© Albrecht Dürer: Die Apokalyptischen Reiter, 1489, Artothek/Joachim Blauel, S. 60 unten links

© Käthe Kollwitz: Selbstbildnis, akg-images, Berlin/VG Bild-Kunst, Bonn 2008, S. 60 unten rechts

© Max Pechstein: Untergehende Sonne, 1948, akg-images, Berlin/Pechstein Hamburg, Tökendorf, S. 65

© Max Ernst: Blauer Sonnenaufgang, akg-images/VG Bild-Kunst, Bonn 2008, S. 66

© Max Ernst: Grätenwald, 1927, Öl auf Leinwand, Städtisches Kunstmuseum, Bonn; Reni Hansen/ARTOTHEK, Weilheim/VG Bild-Kunst, Bonn 2008, S. 67

© Henri Matisse: L'escargot; akg-images, Berlin/Erich Lessing, S. 78 unten

© Hannah Höch: „Meine Haussprüche", 1922, Collage auf Pappe, Berlinische Galerie, Berlin; akg-images/VG Bild-Kunst, Bonn 2008, S. 80

© Jean (Hans) Arp (1888-1966): Collage Arranged According to the Laws of Chance. (1916-17). New York, Museum of Modern Art (MoMA). Torn and pasted paper, 19 1/8x13 5/8' (48,6x34,6). Purchase. 457.1937 © 2008. Digital image, The Museum of Modern Art, New York/Scala, VG Bild-Kunst, Bonn 2008, S.81 oben

© Kurt Schwitters: Merzbild 25A, 1920; Ullstein bild – Granger collection, VG Bild-Kunst, Bonn 2008, S. 81 unten

© Henry Moore: Der Bogenschütze, 1964; Bildarchiv Preußischer Kulturbesitz, Berlin, S. 83

© Niki de Saint-Phalle: Nana; Dpa/VG Bild-Kunst, Bonn 2008, S. 84 oben

© Michelangelo Buonarotti: Moses, Ausschnitt aus dem Grab Julius II in Rom, 1513-15; akg-images, Berlin/S. Domingie, S. 84 unten

© Armand Arman Fernandez, Paradoxe du temps, 1961; akg-images, Berlin/VG Bild-Kunst, Bonn 2008, S. 85

© Pablo Picasso: Arbeiten auf Keramik, Teller mit Kopf eines Ziegenbocks, picture-alliance/dpa – Bildarchiv/Succession Picasso/VG Bild-Kunst, Bonn 2008, S. 91 oben

© Michael Hall: GeschichtenUmhangsKauz, 1998, Kraichgauer-Kunstwerkstatt, Sinsheim, S. 99 unten

© Alberto Giacometti: Frau auf dem Wagen, um 1943, Gips, bemalt, Holzwagen, drei Teile, Stiftung Wilhelm Lehmbruck Museum, Duisburg, Foto: B. Lauer, © ADAGP, Paris/VG Bild-Kunst, Bonn 2008, S. 102

© George Segal: Woman washing her feet in a sink, Gips, Waschbecken, Stuhl, Museum Ludwig, Köln; Rheinisches Bildarchiv, Köln/The George and Helen Segal Foundation/VG Bild-Kunst, Bonn 2008, S. 103

© René Magritte, L´avenir des statues (Die Zukunft der Denkmäler), 1932, Öl auf Gipsguss (Totenmaske Napoleons), Stiftung Wilhelm Lehmbruck Museum, Duisburg, © ADAGP, Paris, Foto: Bernd Kirtz/VG Bild-Kunst, Bonn 2008, S. 104 unten

© Henry Moore: Vierteilige Komposition: Liegende, akg-images, Berlin, S. 105

© Pablo Picasso: Sieben Puppen, 1983, ullstein bild - Binder/Sucession Picasso/VG Bild-Kunst, Bonn 2008, S. 111 oben

Bildquellenverzeichnis

© Victor Brauner, Phantastischer Kopf, 1934 oder um 1940, bemalter Feldstein auf Plexiglassockel montiert, 30 x 12 x 8,3 cm (Objektmaß), Dauerleihgabe des Freundeskreises, Stiftung Wilhelm Lehmbruck Museum, Duisburg, © VG Bild-Kunst, Bonn 2008, Foto: Jürgen Diemer; S. 113

© Tobias Marx, Fotolia.com, S. 114

© Constantin Brancusi: Der Kuss 1922; akg-images, Berlin/ Erich Lessing/VG Bild-Kunst, Bonn 2008, S. 115

© Alexander Calder, (Lawnton/Philadelphia 1898 - 1976 New York), Ohne Titel (Tischmobile mit S), um 1940, Eisen und Draht, schwarz und orange bemalt, Dauerleihgabe des Freundeskreises, Stiftung Wilhelm Lehmbruck Museum, Duisburg, Foto: Bernd Kirtz, © Ars New York/VG Bild-Kunst, Bonn 2008, S. 118

© Anna Oppermann: Anders-sein (Detailansicht), 1981. Fotografie, überzeichnet. Artothek - Bonner Kunstverein, S. 120 oben

© Nikolaus Lang: Für die Geschwister Götter, 1974, Truhe und Objektkästen mit 238 Objekten, Städtische Galerie im Lenbachhaus, München, S. 120 unten

© Louise Nevelson: Königliche Gezeiten 4 (Royal Tide IV), 1960, Holz, Fundstücke, vergoldet, Köln, Museum Ludwig, Rheinisches Bildarchiv Köln/VG Bild-Kunst, Bonn 2008, S. 121

© Jean Dubuffet: Le danseur (Der Tänzer), 1954, Schwamm, Werg; bpk, Berlin/RMN/CNAC-MNAM Centre George Pompidou, Paris/Philippe Migeat/VG-Bildkunst, Bonn 2008, S. 122 oben

© Pablo Picasso: Seilhüpfendes Mädchen, 1950, Musee Picasso, Paris; Gijon Mili/ Time & Life Pictures/2007 Getty Images/Sucession Picasso/VG Bild-Kunst, Bonn 2008, S. 122 unten

© Günther Uecker: Kreation „TV" (1963), picture-alliance/ dpa/dpaweb/VG Bild-Kunst, Bonn 2008, S. 123

© Christo und Jeanne Claude: Verhüllter Reichstag, Berlin. 1971-1995, Foto: Wolfgang Volz, ©1995 Christo © Volz/laif, S. 124

Die Abbildungen auf S. 7, 15, 21, 23, 24, 27 oben (2x), 30, 31, 34 oben, 37, 38 (2x), 39 (2x), 40, 41, 42 unten, 45 (2x), 47, 48 (3x), 49, 52 (2x), 57, 58 oben rechts, 62, 63 (2x) 64 (2x), 68, 69 (2x), 71, 78 oben, 79, 88, 89 (2x), 91 unten, 96, 97(2x), 98, 99 oben, 103 oben, 104 oben (2x), 106, 111 Mitte, 111 unten, 113 oben, 116 (2x) und 117 wurden freundlicherweise von unserer Autorin Frau Beatrix Müller-Laackman zur Verfügung gestellt.

Stichwortverzeichnis

A
Absprengtechnik 43
Aleatorische Techniken 32
Aquarellmalerei 43
Arbeitsplatz Kunst 14
Ästhetische Erziehung 10

B
Bewegung malen 52
Bildsprache d. Kindes 57
Bleistift 56
Buntstift 56

C
Collage 80

D
Decalcomanie 41
Deckfarben 22
Dispersionsfarben 22
Drip Painting 33
Drucken von Schnüren u. Pappe 64
Drucken mit körpereigenen Mitteln 62
Drucken mit Stempeln 63
Druckgrafik 59

E
Engoben 87
Enkaustik 49

F
Fadengrafik 38
Faltschnitt 78
Farbe auf der Haut 45
Farbe klopfen 32
Farbe spachteln 34
Farbempfindungen 17
Farben selbst herstellen 45
Farbe streuen 35
Farben zerknüllen 39
Farbexperimente 41
Farbkreis 20
Farbkristalle 40
Farbwahrnehmung 16
Filzstift 56
Fingerfarben 22
Fingermalerei 30
Flachdruck 59
Fördermaßnahmen 12
Freies Malen 50

Freizeitaktivitäten 13
Frottage 48
Fundholz 110

G
Geleitete Fantasien 51
Gestalten mit Malkreiden 47
Gestalten mit Papier 71
Gips 100
Gips gießen 104
Gipsbinden 103
Glasur 92
Grafik 55
Grattage 67

H
Hochdruck 59
Holz 106

K
Kaltnadelradierung 68
Kaschierarbeiten 96
Klangbilder 53
Klappschnitt 78
Kleisterpapier 31
Kohlestifte 56
Kontaktmalen 51
Kopffüßler 57
Kreativität 8
Kunsttherapie 50

L
Laufenlassen des Tropfens 36
Linoldruck 64
Lockerungstechniken 29

M
Malball 31
Malen als Meditation 51
Malen mit Kugeln 39
Malmittel 21
Maluntergrund 25
Malwerkzeug 24
Materialdruck 63
Marmorieren 41
Masken 97
Materialdruck 63
Messpainting 52
Monotypie 68

N

Nass-in-Nass-Technik 39
Naturfarben 45

O

Objektkunst 85
Objekte sammeln 119
Objekte zusammenfügen 121
Objekte verfremden 123
Objekte verhüllen 124
Organisation 27

P

Papier reißen 76
Papier schneiden 77
Papier schöpfen 82
Papierbatik 42
Papiere 72
Papiermasse 95
Papiersorten 73
Pappmaschee 93
Pastellkreiden 47
Pinsel 24
Plastik 84
Plastisches Gestalten 86
Puppenkopf 96

Q

Quetschmalerei 38

S

Schwamm-Malen 31
Seidenmalerei 44
Sgraffito 48
Skulptur 84
Spaltschnitt 77
Speckstein 114
Sperrholz 106
Sperrholzarbeiten 111
Spritzdruck 69
Styrenedruck 65

T

Tiefdruck 59
Ton 95
Tonfiguren 89
Tongefäße 90
Tonklumpen 89
Tonplatten 91
Tonschlamm 88

V

Verblasen eines Tropfens 37

W

Wachs radieren 48
Wachsmalfarben 47

Y

Ytong 114

Z

Zeichnung 56